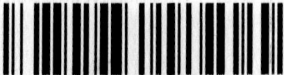

周禮疏

〔唐〕賈公彦　撰
韓　悦　解題

圖版　二

本册目録

京都大學附屬圖書館藏舊鈔本周禮疏

周禮疏卷第二十三

周禮疏卷第十三

唐朝散大夫行大學博士弘文館學士臣賈公彥等撰

族師至政事　釋曰云各掌其族之戒令政事者以
其族師至百家各自受法于上而掌其族戒令政事
也　注政事至爲族　釋曰云政事邦政之事者謂
國之征役皆是也先鄭云百家爲族者亦約五家爲
比五比爲閭四閭爲族故知族百家也　月吉至學
者　釋曰此族師亦聚衆庶而讀法因書其孝弟睦
婣有學者黨正直書德行道藝具言此云孝弟睦婣
惟據六行之四事有學即六藝也計族師所書亦應

不異黨正但文有詳略故所言有異但族師親民故析别而言耳　注月吉至邦法　釋曰云月吉每月朔日也者以其彌親民教亦彌數故十二月朔皆讀之云故書上句或無事字者則月與上政字連政又為正字故杜子春云當為正月吉但族師親民讀法宜數若為正月之吉則與黨正同於義不可云書亦或為戒令政事月吉則屬民而讀邦法者此義還與經同於義為得後鄭從之故引之在下也　春秋至如之　釋曰族師於春秋祭祀酺神之時亦如上月朔讀法也　注酺者至酬焉　釋曰鄭知酺者為人

酺

物烖害之神者凡国之祈祭者皆恐與人物爲烖害
謂若州長黨正所祭社禜亦爲水旱與人物爲烖害
明此亦是恐與人物爲烖害之神也云故書酺或爲
步杜子春云當爲酺者校人職云馬步亦爲行步之
字而子春破之從酺者子春亦無正文直以此經今
文爲正故依之也玄謂校人職又有冬祭馬步者彼
是與馬爲害故祭之引之者證此酺亦與人物爲害
云則未知此世所云蝝蟘之酺與人鬼之步與者但
此經云酺不知何神故舉漢法以況之但漢時有蝝
蟘之酺神又有人鬼之步神未審此經酺定當何酺

故兩言之以無正文故皆云與以疑之也云蓋亦為
壇位如雩禜云者上黨祭雩禜鄭云蓋亦為壇位如
祭社稷云已疑禜為壇位今此文約與雩禜同故言
云以疑之云族長無飲酒之禮者案上州長春秋習
射有飲酒禮黨五十月農功畢亦有飲酒礼皆得官
物為之今此族卑不得官物為礼故云族無飲酒礼
也云因祭酺而與其民以長幼相獻酬焉者鄭必知
因祭酺有民飲酒之礼者案礼記礼器云周旅酬六
尸曾子曰周礼其猶醵與鄭注彼云合錢飲酒為醵
旅酬相酌似之也即引明堂禮乃命國醵鄭據礼器

明堂礼皆有醵法醵即合錢飲酒以不得官酒故須合錢耳　以邦至車輦　釋曰云以邦比之法者案比之法國家有常故據其常法以案比之故云以邦比之法也云師四閭之吏者族師管四閭閭胥皆中士又有二十比比長皆下士是師四閭之吏也云以時屬民而校者謂屬聚其民而校比之也云登其族之夫家衆寡者夫家即男女也有夫有婦乃成家自二人以至十人爲九等七六五者爲其中若然則六口爲中七口已上爲衆五口已下爲寡云辨其貴賤老幼者貴謂卿大夫賤謂占賣國之斥幣貿易之人

世廢疾謂廢於人事疾病若含癃不可事者也云可
任者者謂若國中七尺以及六十野自六尺以及六
十五皆征之則可任者也及其六畜馬牛羊豕犬雞
車駕牛馬輦人挽行皆辨之也　五家至葬埋　釋
曰云五家為比十家為聯又云五人為伍十人為聯
者在家惟有五家為比比長領之無十家為聯相管
之法今云十家為聯者以在軍之時有十人為什本
出於在家故并二比為十家為聯擬入軍時相并故
經云五人為五十人為聯明是在軍法耳云四閭為
族八閭為聯者張逸問族百家安得有八閭鄭荅并

之為聯耳若然亦如一比為聯之類也云使之相保
者謂相保不為愆負云相受者謂宅舍有故相受寄
託云刑罰慶賞相及者案趙商問族師之義鄰比相
坐康誥之説門内尚寬書禮是錯未達旨趣鄭荅族
師之職周公新制禮使民相共勑之法康誥之時周
法未定又新誅三監務在尚寬以安天下先後異時
各有云為乃謂是錯　注相共至相賙　釋曰案大
司徒職云五族為黨使之相救五黨為州使之相賙
此所戒勑亦與彼同故引為證也　若作至刑罰
釋曰若作民而師田行役則合其卒伍者族師主百

家家出一人即為一卒〻長還使羨師為之故鄭云
亦云因為卒長也云簡其兵器者在軍即有弓矢殳
矛戈戟云以鼓鐸旗物者案大司馬春辨鼓鐸王執
路鼓諸侯執賁鼓軍將執晉鼓師帥執提旅帥執鼙
卒長執鐃兩司馬執鐸公司馬執鐲又司常云王建
大常已下是鼓鐸旗物也師帥而至者族師以帥士卒
具備師至於鄉師以致司徒也　注亦於軍因為卒長
者亦釋經掌其治令已下亦非衆為軍吏還是自為
卒長者也　閭胥至徵令　注鄭司至為閭　釋曰
先鄭知二十五家為閭者以其五家為比五比為閭

故知閭二十五家也而云各掌其閭之徵令者徵令即下文歲時以下之事是也　以歲至恤者釋曰言以歲時者謂歲之四時云各數其閭之衆寡者閭胥各自數當閭之内户口多少云辨其施舍者亦謂國中七尺以及六十野自六尺以及六十有五皆征之已外施舍不役云凡春秋之祭祀役政喪紀之數聚衆庶者謂州長黨正族師祭祀及役政與主家喪紀閭胥皆為之聚衆庶以待驅使也云既比則讀法者上族師已上官尊讀法雖稀稠不同皆有時節但閭胥官卑而於民為近讀法無有時節但是聚衆庶比

之時即讀法故云既比則讀法云書其敬敏任恤者
者以上書其德行道藝云今此閭胥月親民更近故除任
恤六行之外兼記敬敏者也　注祭祀至爲飫
釋曰知祭祀謂州社黨禜族酺者以其黨鄉之内祈
有祭祀無過此三者而已故知義然也云役田役也
者上文師田行役並言則役是役作佃田是國之常
事田重於功作此文不云田故知役是田役也知政
是州射黨飲酒者政與上祭祀連文衆聚衆庶故知若
州射及黨飲酒也云喪紀大喪之事也者此大喪王
之喪也知者以其聚衆庶明非上州之大喪故以王

之喪解之　凡事至之事　釋曰言凡非一則是鄉
飲酒及鄉射飲酒有失禮者須罰之故云凡事云掌
其比者人衆則有校比之法皆掌之云觵撻罰之事
者凡有失礼者輕者以觵酒罰之重者以楚撻之故
雙言觵撻罰之事　注觵撻至之事　釋曰鄭知觵
用酒者以其古者失禮之罰罰用酒又知其爵以兕
角為之者見詩云兕觵其觩故知用兕牛角為觵爵
也云撻扑也尚書云扑作教刑孔云扑榎楚故知此
撻亦扑也云故書或言觵撻之罰事杜子春云當言
觵撻罰之事者子春之意以觵罰在之上於義為切

故從經爲正也　比長至相及　釋曰比長管五家
下士爲之家數雖少亦有治法故各掌其比之治云
五家相受者宅舍有故崩壞相寄託云相和親者案
尚書云爾室不睦爾惟和哉五家之內有不和親則
使之自相和親云有辠奇衺則相及者五家有罪惡
則連及欲使不犯故注云衺猶惡也　從于至授之
釋曰五家之內人有不便其居須從者則使伍長
從而授之　注從謂至罪惡　釋曰云從謂不便其
居也者古者三歲大比之年民有願欲於本居之處
不便則任民遷徙故云不便其居也周法遠郊百里

内并国中共為六鄉此國中及郊所徙者並不離當
鄉之内言或国中之民出徙郊者先從近向遠釋經
徙于郊之文也云或郊民入徙國中者卻釋經徙于
國中之文也云皆從而付所處之吏明無罪惡者釋
經則從而授之文也若有罪惡則下文無授無節圜
土内之其人私逃有何付授之也今伍長自往付授
明無罪惡直是不便其居耳　若徙至行之　釋曰
上經是當鄉之内遷徙直須伍長送付彼吏今此經
言徙于他是出向外鄉則當為旌節乃行之　注徙
於至乃達　釋曰言徙于他封上經直言国中及郊

為鄉内此言徙于他明是出居異鄉也云授之者有節乃達者鄭欲見上經鄉内徙者有授無節此徙外鄉非直有授兼亦有節乃可行故鄭言此有節亦授之者也此節即道路用旌節一也　若無至内之　釋曰揔結上二經故鄭云鄉中無授出鄉無節此皆罪人故當唯圜土内之也　注鄉中至出之　釋曰上釋出鄉有授兼節此注釋鄉中無授出鄉無節似出鄉容有節而全無授者以其出鄉雖兼有授直舉有節以對鄉内有授何妨有節兼有授也若直有節而無授何以分別罪惡之人云過所則呵問繫之圜

士考辟之也者謂所過之官司見即呵問之必知有
呵問之者若不呵問窮詰則虚實難明故知呵問也
繫之圜土考辟之者謂繫在獄中辟法也考量以法
推問無授無節之由也云圜土者獄城也獄必圜者
規主仁以仁心求其情者案礼記深衣有規矩權衡
規配東方仁矩西方義但斷獄之法有義有仁雖以
義斷使合宜仍以仁恩閔念求得情實閔念出之故
獄城圜也　封人至樹之　釋曰云壇謂主之社壝
者謂主之三社三稷之壇及壇外四邊之壝皆設置
之直言壝不云壇舉外以見内〻有壇可知也云為

畿封而樹之者謂王之國外四面五百里各置畿限畿上皆爲溝塹其土在外而爲封又樹木而爲阻固故云爲畿封而樹之　注壝謂至細也　釋曰壝謂壇及埒也者埒即壝經不言壇故鄭兼見之也云畿上有封若今時界矣者漢時界上有封樹故舉以言之云不言稷者稷社之細也者案大司徒及下文皆社稷俱言此獨云社不言稷故解之案孝經緯社是五土揔神稷是原隰之神原隰即是五土之一耳故云稷社之細舉社則稷從之矣故言社不言稷也稷既是原隰之神但原隰宜五穀五穀不可遍敬

稷又爲五穀之長故立稷以表名孝經注直云社謂后土者舉配食者而言耳　凡封至四疆　釋曰言凡封国者封五等之国非一故云凡以廣之云設其社稷之壝者案禹貢徐州貢五色土孔注云王者封五色土爲社建諸侯則各割其方色土與之使立社燾以黄土苴以白茅茅取其絜黄取王者覆四方是封于諸侯立社稷之法也云封其四疆者諸侯百里以上至五百里四邊皆有封疆而樹之故云封其四疆也　注封國至之封　釋曰封國建諸侯者若典命云三公八命其卿六命大夫四命其出封皆加一

等是建諸侯也云立其國之封者封則經云四疆是也　造都至如之　釋曰云造都邑者謂大都小都家邑三等采地有百里五十里二十五里皆有四邊封域故云之封域也云亦如之者亦如上諸侯有四疆也　令社稷之職　釋曰春秋祭社皆有職事令之者使各依職司而行故須令之也　注將祭至反始　釋曰言將祭之時者春秋祭社日皆用甲未祭之前令諸有職事于社稷者也云唯爲社事單出里者單盡也盡往助祭于州長此據六鄉之中又云唯爲社田國人畢作者畢亦盡也國人盡行鄭云非徒

羨謂在六遂之中以下劑致甿當家之內一人為正
卒一人為羨卒其餘為餘夫但田與追胥竭作餘夫
亦行故云非徒羨也云唯為社丘乘共粢盛者此據
三等采地之中故有丘甸井田之法案小司徒職云
九夫為井四井為邑四邑為丘四丘為甸甸方八里
旁加一里則為一成成百井九百夫一井之地九夫
八家各治一夫自入共治一夫稅入於君以共粢盛
而祭社故云丘乘共粢盛也云所以報本反始也者
社稷為土神是民之本句龍后稷是民之始反亦報
也命民共之者所以報本反始也引之者證祭社各

有職事　凡祭至水槀　釋曰言凡祭祀謂王之
天地宗廟先大次小之祭祀非一故云凡以廣之云
飾其牛牲者祭祀尚絜淨故飾治使淨也設其楅衡
者恐牴觸人故須設楅于角牽時須易制故設衡于
鼻置絼當牽行故亦置之于鼻也須洗薦牲體故共
其水槀也　注飾謂至爲聲　釋曰司農云楅衡所
以楅持牛也者司農意以衡爲持故云所以楅持牛
以楅衡共一物解之與子春同後鄭不從之矣云絼
著牛鼻繩所以牽牛者今時謂之雉與古者名同者
若然自漢以前皆謂之絼案禮記少儀云牛則執紖

紖則絼之別名今亦謂之爲紖也云皆謂夕牲時也
者但夕牲在祭前之夕正祭在厥明二時皆有此事
明據在前夕牲時而言也杜子春云楅衡所以持牛
令不得抵觸人者子春意楅衡唯設于角與司農義
同後鄭亦不從也玄謂楅設于角者楅者相楅迫之
義故知設於角云衡設於鼻者衡者横也謂横木於
鼻令之馳猶然故知設於鼻破先鄭子春之義云如
椵狀者漢時有置于犬之上謂之椵故舉以之爲況
衡者也云水槀給殺時洗薦牲也者其牛將殺不須
飼之又充人已飼三月不得將殺始以水槀飲飼水

所以洗牲臬所以薦牲故雙言洗薦牲也云紖字當
以豸爲聲者爾雅有足曰蟲無足曰豸但牛紖以麻
爲之從絲爲形以豸爲聲故云紖字當以豸爲聲
歌舞至之豚　釋曰言歌舞牲者謂君牽牲入時封
人隨後歌舞云博碩肥腯也云及毛炮之豚者謂造
炮豚之時則爛去其毛以炮之也　注謂君至肥腯
釋曰案礼記祭義云君牽牲穆荅君卿大夫序從
是君牽牲入時也云隨歌舞之言其肥香以歆神也
者解封人隨牲後歌舞之時節及使神歆享之意云
毛炮豚者爛去毛而炮之者經直云毛炮恐人以爲

毛炮之案禮記内則有炮豚炮牂皆編萑以苴之塗
之以墐塗熟乃擘去之彼雖炮亦不言去毛炮之鄭
知去毛者牂豚之毛於牲無用空以汙損牲體故知
凡炮者皆去毛也云以備八珍者彼内則八珍之中
有炮豚此炮豚與彼同故知此炮豚以備足八珍也
鄭司農云封人主歌舞其牲云博碩肥腯者此左氏
桓公傳隨季良之辭彼云奉牲以告曰博碩肥腯引
之者證封人歌舞牲時有此辭也　凡喪至牛牲
釋曰言凡凡此下四事王之喪紀有牲者除朝夕奠
用脯醢以外大小斂朔月月半薦新奠祖奠大遣奠

皆有牲牢賓客有牲殺之者唯據致飧及饔餼饗食
皆有殺牲之事軍旅殺牲者謂饗獻軍吏大盟謂盟天
子親往臨盟此一經皆用牛牲故揔云飾其牛牲也
注大盟會同之盟　釋曰案覲礼及司儀諸侯時
見曰會殷見曰同王皆為壇於國外行盟誓之法故
鄭依而言焉　鼓人至田役　釋曰言掌教者必教
他官案眡瞭職發首云掌凡樂事播鼗擊頌磬笙磬
笙磬下又云掌大師之縣鼗鼙愷獻亦如之雖不云鼙
鼓上下文參之其五鼓是眡瞭擊之則此所教者當
教眡瞭也其晉鼓當教鎛師故其職云掌金奏之鼓

此下文云以晉鼓金奏故彼鄭注云金聲晉鼓是也
又云六鼓四金之音聲者六鼓四金與音聲和合故
連言音聲也云以節聲樂者下云雷鼓靈鼓路鼓晉
鼓皆是也以和軍旅者下云以鼖鼓鼓軍事是也云
以正田役者下云以鼛鼓〻役事是也田獵所以習
戰則田鼓當與軍事同案大司馬云王執路鼓諸侯
執賁鼓軍將執晉鼓之等是也一經是與下爲惣目
之語也　注音聲至和者　釋曰案礼記學記云鼓
無當於五聲五聲不得不和則五聲須鼓乃和故鄭
云五聲合和者鄭不解音者單出曰聲雜比曰音〻

聲相將之物故釋五聲門合得音故不重云音也

教爲至聲用　注教爲至之事　釋曰鄭云教爲鼓教擊鼓者大小之數者則雷鼓八面之等云而辨其聲用鄭云又別其聲所用之事則下文雷鼓及四金聲之所用各不同是也　以雷鼓々神祀　釋曰天神稱祀地祇稱祭宗廟稱享案下靈鼓々社祭又案大司樂以靈鼓祭澤中之方丘大地祇與社同鼓則但是地祇無問大小皆用靈鼓則此雷鼓々神祀但是天神皆用雷鼓也　注雷鼓至神也　釋曰鄭知雷鼓八面者雖無正文案韗人爲皐陶有晉鼓鼖鼓

鼓臯鼓三鼓三者非祭祀之鼓皆兩面則路鼓祭宗廟宜四面靁鼓祭地祇尊於宗廟宜六面雷鼓祀天神又尊於地祇宜八面故知義然也　以靈鼓〻社祭　釋曰郊特牲云社祭土神地之道則孝經緯云社是五土之惣神是地之次祀故舉社以表地祇大宗伯亦云血祭〻社稷五祀亦舉社以表地祇其實地之大小之祭皆用靈鼓也　以路鼓〻鬼享　釋曰案大宗伯宗廟有六享則禘祫及四時皆言享先王則皆是大祭縱有享先公爲次祀祭殤爲小祀皆用此路鼓以其天地神祇大小同鼓故也　以鼖鼓鼓

鼓軍事　釋曰案大司馬云春辨鼓鐸王執路鼓諸侯執鼖鼓軍將執晉鼓鄭注云王不執鼖鼓尚之於諸侯則在軍以鼖鼓爲正無妨兼有路鼓晉鼓之等也　注大鼓至八尺　釋曰云大鼓謂之鼖是訓鼖爲大此唯兩面而已而稱大者此不對路鼓已上以其長八尺直對晉鼓六尺六寸者爲大耳鼖鼓長八尺韗人文　以鼛鼓鼓役事　釋曰案緜詩云鼛鼓弗勝鄭云鼛鼓不能止之此云鼓役事謂擊鼓起役事與彼不同者但起役止役皆用鼛鼓兩處義得相兼耳　注鼛鼓長丈二尺　釋曰丈二尺韗人文此

既丈二尺大於鼖鼓不得大名者但鼖鼓長八尺耑
對晉鼓爲鼖明鼖鼓亦大可知不可同名爲鼖故别
以鼖鼓爲號也　以晉鼓〻金奏　釋曰凡作樂皆
先擊鍾故鍾師以鍾鼓奏九夏鄭云先擊鍾次擊鼓
金則鍾也奏則擊也則是擊鍾後即擊鼓故云晉鼓
鼓金奏　注晉鼓至編鍾　釋曰晉鼓長六尺六寸
亦韗人文云金奏謂樂作擊編鍾者案磬師云擊編
鍾鄭注云磬亦編於鍾言之者鍾有不編不編者鍾
師擊之若然則磬師擊編鍾〻師擊不編鍾又案鎛
師云掌金奏之鼓鄭注云主擊晉鼓則此晉鼓和金

奏但鍾之編與不編作之皆是金奏晉鼓皆和之矣鄭唯言編鍾據磬師而言其實不編作之皆是金奏晉鼓皆和之矣鄭唯言編鍾據磬師而言其實不編者亦以晉鼓和之故鍾師云以鍾鼓奏九夏鄭云先擊鍾次擊鼓是不編之鍾亦有鼓々即晉鼓也　以金錞和鼓　釋曰謂作樂之時以此金錞和於鼓節也　注錞錞至相和　釋曰錞々于也者錞于之名出于漢之大予樂官筭云其形圜如碓頭大上小下並出彼文而知之也又云樂作鳴之與鼓相和此鄭以意解之案下三金皆大司馬在軍所用有文此金

鎛不見在軍所用明作樂之時與鼓相和故云和鼓
也以金鐲節鼓　釋曰此謂在軍之時所用節鼓
與鼓為節也　注鐲鉦至鳴鐲　釋曰鄭云鐲鉦也
者案詩有鉦人伐鼓就而解之彼注鉦以靜之此解
以為軍行所用不同者義亦一也以其動靜俱用故
也云形如小鍾者亦據漢法而言也云軍行鳴之以
為鼓節此依大司馬文而釋故引彼文云軍行鳴鐲
對上金鎛作樂為節案彼是公司馬所執也以金鐃
止鼓　釋曰此案春秋左氏傳曹劌云一鼓作氣再
而衰三而竭哀公傳陳書曰吾聞鼓而已不聞金矣

是進軍之時擊鼓退軍之時鳴鐃　注鐃如至且卻
釋曰云鐃如鈴無舌者亦約漢法而知也云有秉
執而鳴之者案大司馬云卒長執鐃故知執而鳴之
也又引司馬職鳴鐃且卻者欲見軍卻退時鳴之是
止鼓時所用也　以金鐸通鼓　釋曰此是金鈴金
舌故曰金鐸在軍所振對金鈴木舌者為木鐸施令
時所振言通鼓者兩司馬振鐸軍將已下即擊鼓故
云通鼓也　注鐸大至振鐸　釋曰鐸大鈴亦約漢
法知之引司馬職者案彼兩司馬執鐸所引司馬振
鐸即兩司馬也　凡祭至舞者　釋曰上文神祀祭

鬼享文局不及小神故此更廣見小神之事故云凡祭祀百物之神也云鼓兵舞帗舞者天地之小神所舞不過此兵舞帗舞二事案下舞師山川用兵舞社稷用帗舞今此小神等若義近山川者舞兵舞義近社稷者舞帗舞故六舞之中唯言此二舞而已　注兵謂至所執　釋曰兵謂干戚也者案司兵云祭祀授舞者兵鄭亦云授以朱干玉戚以知兵舞是干戚者見禮記樂記云干戚之舞非備樂祭統又云朱干玉戚並是大武之舞是知兵舞干戚也又知帗舞列五采繒爲之有象者案樂師注帗析五采繒今靈星

舞子持之是畢今以曉古故知之也　凡軍旅夜鼓鼜　釋曰在軍警戒急在於夜故軍旅於夜鼓其鼜鼓以警衆也　注鼜夜至發昫　釋曰言鼜者聲同憂戚取軍中憂懼之意故名戒守鼓爲鼜也引司馬法曰昏鼓四通爲大鼜者欲取從初夜即爲警戒之意故擊鼓四通使大憂戚也云夜半三通爲晨戒者警衆寤使儆備侵早當行云旦明五通爲發昫者旦明五通晨昫之時當發故云發昫也　軍動則鼓其衆　釋曰尋常在道欲行之時所擊之鼓則上注五通發昫是也今別言軍動則據將臨陳之時軍衆始

動則擊鼓以作士衆之氣故曹劌云一鼓作氣鄭云動且行謂行前向陳時也　田役亦如之　釋曰田獵圍合之時必擊鼓象對敵故大司馬職云鼓遂圍禁是也　救日月則詔王鼓　釋曰謂日月食時鼓人詔告于王擊鼓聲大異以救之案大僕職云軍旅田役贊王鼓鄭注云佐擊其餘面又云救日月食亦如之大僕亦佐擊其餘面鄭既云佐擊其餘面則非只兩面之鼓案上解祭日月與天神同用雷鼓則此救日月亦宜用雷鼓八面故大僕與戎右俱云贊王鼓得佐擊餘面也案莊二十五年左氏傳夏六月辛

未朔日有食之鼓用牲于社非常也唯正月之朔慝未作日有食之於是乎用幣于社伐鼓于朝若然此救日食用鼓惟據夏四月陰氣未作純陽用事日又大陽之精於正陽之月被食為災故有救日食之法他月似無救理尚書胤征季秋九月日食救之者上代之礼不與周同諸侯用幣于社伐鼓于朝退自攻責若天子法則伐鼓于社昭十七年服子曰日食天子伐鼓於社是也　注救日至不鼓　釋曰救月月食王必親擊鼓者聲大異言聲大異者但日月食始見其微兆未有災驗故云異也列春秋傳者亦莊二

十五年傳辭彼傳云秋大水鼓用牲于社于門亦非常也凡天災有幣無牲非日月之眚不鼓識其為大水用鼓引之證其日月得有用鼓法春秋不記救月食者但日食是陰侵陽臣侵君之象故記之月食是陽侵陰君侵臣之象非逆事故略不記之也 注始崩及窆時也 釋曰案大僕職云大喪始崩戒鼓傳達于四方窆亦如之是鄭所據也 舞師至之事 釋曰云掌教兵舞謂教野人使知之國有祭山川則舞師還帥領往舞山川之祀已下皆然案春官樂師有六舞并有帗舞施于社稷羽舞施于宗廟此無

此二者但卑者之子不得舞宗廟之酎祭祀之舞亦不得用卑者之子彼樂師教國子故有二者此教野人故無旄舞人舞　注羽析至如帗　釋曰但羽舞用白羽帗舞用五色繒用物雖異皆有柄其制相類故云形如帗也云四方之祭祀謂四望也知者若以四方連百物則四方不止四方今單云四方四望五岳四瀆亦布在四方故知四方即四望也云旱暵之事謂雩也者春秋所云雩者皆釋旱又祭法云雩禜祭水旱故知旱暵謂雩祭也云暵熱氣也者以其旱時多熱氣又此暵字以為形以漢為聲省故知暵熱

氣世鄭司農云皇舞蒙羽舞者先鄭之意蓋見禮記王制有虞氏皇而祭皇是冕爲首服故以此皇爲鳳皇羽蒙于首故云蒙羽舞自古未見蒙羽于首故後鄭不從之矣云書或爲翌或爲義者礼本不同故或爲翌或爲義皆不從之矣玄謂皇析五采羽爲之亦帗者鍾氏染鳥羽象翟鳥鳳皇之羽皆五采此舞者所執亦以威儀爲飾言皇是鳳皇之字明其羽亦五采其制亦如帗舞若然帗舞羽舞皇舞形制皆同也

凡野舞教之　釋曰案序官舞徒四十人其數有限今云皆教之者數雖四十餘者有能學皆教之以

待其闕耳　凡小至興舞　注小祭至祭者　釋曰
案上文云凡祭祀百物之神鼓兵舞帗舞又案司
服云羣小祀則玄冕注云羣小祀林澤墳衍四方百
物之屬如是則小祭祀有兵舞帗舞而云不興舞者
小祭祀雖同玄冕若外神林澤之等則有舞若宮中
七祀之等則無舞此文是也　牧人至牲牷　釋曰
云掌牧六牲而阜蕃其物者阜盛也蕃息也物謂毛
物言使肥盛蕃息各有毛物謂五官各有牛人羊人
犬人豕人之等擇取純毛物者以供牧人牧人又供
與充人芻之三月以祭祀故云以共祭祀之牲牷也

注六牲至完具　釋曰案爾雅所釋六畜有馬牛羊豕犬雞故鄭依而釋之案膳夫供六牲鄭注云始養之曰畜將用之曰牲則此云牲亦據將用爲言也司農云牷純也後鄭不從者尚書云犧牷牲對犧不得爲純色其純下文毛之者是也故玄易之云牷體完具也　凡陽至毛之　釋曰言凡與下陽祀陰祀望祀等爲目故云凡以廣之也捎注騂牲至宗廟　釋曰騂牲知是赤色者見明堂位周人騂剛檀弓云周人牲用騂周尚赤而云用騂故知騂是赤也云毛之取純毛也者對下文云尨是雜色則此經云毛之者

者是取純毛也云陰祀祭地北郊及社稷也并陽祀
祭天於南郊及宗廟者但天神與宗廟為陽地與社
稷為陰案大宗伯云蒼璧礼天黄琮礼地謂圓丘方
澤下云牲幣各放其器之色則昊天與崐崘牲用蒼
用黄四時迎五方天帝又各依其方色牲則非此騂
牲黝牲惟有郊天及宗廟社稷一等不見牲色在此
陽祀陰祀之中可知案郊特牲云郊之祭也大報天
而主日兆於南郊就陽位也 牲用騂是南郊用騂也
檀弓云殷尚白周尚赤是祭宗廟用赤也據此而言
則祭天於南郊及宗廟騂也 郊特牲云社祭土而主

陰氣也是社稱陰孝經緯鉤命決云祭地于北郊就
陰位彼對郊天就陽位則是神州之神在北郊而稱
陰以是知陰祀中有祭地于北郊及社稷也不從先
鄭陽祀春夏者周祭宗廟四時同用騂夏至祭地方
澤牲用黃春夏迎氣牲各隨方之色明不得同用騂
故不從也又知望祀是四望者以其言望與四望義
同故知是四望五嶽等也云黝讀為幽〻黑也者以
其幽是北方故從幽為黑也後鄭先解陰祀後釋陽
祀者陽祀待先鄭釋訖隨破之故也　凡時至牲物
釋曰時言凡者山川已下非一故亦言凡以廣之

也必用牲物者對上方色是隨其方色下用尨々是雜色則此牲物者非方非雜雖不得隨方之色要於一身之上其物色須純其體須完不得雜也假令東方或純黄純黑南方或純白純青皆得也　注時祀至百物　釋曰知時祀是山川以下至四方百物者案司服　山川羣小祀林澤四方百物在四望下此上文云天地四望此時祀又在四望下又四方山川之等亦依四時而祀故知時祀是山川至百物鄭唯據地之時祀若天之時祀日月已下亦在此時祀中也

凡外至可也　釋曰外祭毀事其神非一故云凡

以廣之也　注外祭至之屬　釋曰知外祭中有表
貉者據上文外神之中已云天地至四方百物依時
而祭者已盡此別言外祭則外祭中唯有表貉之等
案大司馬田獵之時立表而貉祭司几筵亦云貉用
熊席又知外祭中有王行所過山川用事者案校人
云凡將事于四海山川則飾黃駒大祝云大會同過
大山川則用事焉亦是非常外祭之事若然此云尨
校人用黃駒者從地色黃亦據尨中有黃色者用之
不必純黃云毀謂副辜候禳毀除殃咎之屬者此文
承子春之下不言玄謂當是子春所解也案宗伯云

酺禜祭四方百物而引九門磔禳又案小祝職云將事侯禳皆是禱祈除殃咎非常之祭用尨之類故引以爲證也　凡祭至繫之　釋曰牧人養牲臨祭前三月授與充人繫養之故云凡祭祀共其犧牲以授充人繫之　注犧牲至爲犧　釋曰云犧牲毛羽完具也者云犧牲不云牷則惟據純毛者而鄭云完具者祭祀之牲若直牷未必純犧若犧則兼牷可知故鄭以完具釋犧云授充人者當殊養之者牧人之牲未用祭者惣在一處不殊今將以祭者則殊別繫養之云周景王時有此春秋左氏傳昭二十二

年壬子朝賓起有寵於景王王與賓孟説之欲立之
又云賓孟適郊見雄雞自斷其尾問之侍者曰自憚
其犧也遽歸告王且曰雞其憚爲人用乎人異於是
注犧者以喻人之有純德賓宜爲君彼直云自憚其
犧不云雞鄭以義增之耳引之者證犧是純色之意
也　凡牲至奉之　注謂非至祀者　釋曰云不繫
者謂若上文凡外祭毀事用尨可也是非時而祭祀
者也牛人至政令　釋曰云掌養國之公牛以待國
之政令者政令則諸侯所須牛及牧人之事則供送
之也　注公猶官也　釋曰訓公爲

官者恐有公君之嫌但王家之牛若公廨之牛故須訓公為官是官牛也　凡祭至芻之　釋曰云凡祭祀者祭祀非一故亦言凡以廣之云享牛者謂正祭之牛云求牛者謂繹祭之牛云以授職人而芻之者謂授充人繫養者也　注鄭司至養之　釋曰先鄭云享牛前祭一日之牛也者若此以為祭前一日夕牲時而言仍是正祭牛則不應以正祭而云前祭一日若不據祭祀以為齋時所食齋則十日不應惟止一日而已其言無據故後鄭不從也云求牛禱於鬼神祈求福之牛也者案上文凡牲不繫者共奉之謂

非時而祭則不繫之此經授職人繫之明非禱祈非
時祭者故後鄭亦不從也云謂享獻也獻神之牛謂
所以祭者也者以其宗伯祭宗廟六者皆云享則享
是正祭可知破先鄭爲前祭一日之牛也云求終也
終事之牛謂所以繹者也者今日正祭于廟明日繹
祭在門外之西室故鄭云孝子求神非一處以解求
牛爲繹祭之牛也故郊特牲云祭于祊尚曰求諸遠
者與是名繹祭爲求也云職讀爲樴樴者凡官皆有職
直云職人無所指斥但職樴聲相近誤爲職故讀從
樴充人置樴入地之時樴樴然作聲故以聲名其官

也云樴謂之杙者爾雅釋宮文郭注云橜也云樴人者謂牧人充人與者與疑辭耗之者凡牲堪祭祀者則牛人選入牧人臨祭之前牧人乃授充人充人乃授充人充人乃繫養之今若即以樴人為充人則隔牧人故連牧人而言之明先至牧人乃至充人經據後而言之耳云牛人擇於公牛之中而以授養之者鄭直言養之者則養者之中還兼有牧人充人也

凡賓客之牛　釋曰言凡賓客者謂五等諸侯來朝兼有臣來聘皆共牢禮積膳之牛也　注牢禮至大牢　釋曰鄭知牢禮飧饔者此一經皆謂致與賓客

者下云饗食是速賓之礼也案大行人掌客皆云上
公飧五牢饔餼九牢五積侯伯飧四牢饔餼七牢四
積子男飧三牢饔餼五牢三積積之多少各視飧牢
其膳則五等諸侯皆大牢故云牢礼飧饔也云積所
以給賓客之用者謂行道之用遣人所云者是也又
引司儀職曰至國五積者據上公而言也云膳所以
閒礼賓客者謂賓客未去之閒致礼也又引掌客云
殷膳大牢彼注云殷中也中閒未去即是閒礼賓客
也　饗食至之牛　釋曰饗者亨大牢以飲賓獻依
命數食者亦亨大牢以食々礼九舉七舉五舉亦依

命數無酒獻酬耳皆在於廟以連賓射者謂大射及
與賓射于朝天子諸侯射先行燕礼皆有殺俎故有
牛也云共其膳羞之牛者謂獻賓時宰夫所進俎是
也　注羞進至猶此　釋曰引燕礼小臣請執冪者
與羞膳者至獻賓而膳宰設折俎者案燕礼立賓後
公卿大夫升就席小臣阼階下北面請執冪者與羞
膳者注云執冪者執瓦大之冪也方圜壺無冪羞膳
者羞於公謂庶羞云云至主人獻賓賓西階上拜筵
前受爵反位主人賓右拜送爵膳宰薦脯醢賓升筵
膳宰設折俎此王與賓饗及賓射設俎時節及設人

無文故云王之膳羞亦猶此也若然饗食有牛俎至
於射礼天子諸侯皆先行燕礼其牲狗得有牛者但
天子諸侯雖用燕礼直取一獻之礼未旅而行射節
其用牲則左傳云公當饗雖然燕礼亦用牛與饗同
若然云膳羞則庶羞也不言正俎之牛者據庶羞而
言其實兼正俎矣　軍事共其犒牛　釋曰謂將帥
在軍枯槁之賜牛謂之犒牛也　注鄭司至之牛
釋曰案左氏傳僖公三十三年秦師襲鄭鄭商人弦
高將市於周遇之以乘韋先牛十二犒師雖非己之
軍師亦是犒師之牛故引以為證也　喪事共其奠

牛　注謂殷奠遣奠也　釋曰喪中自未葬已前無尸飲食直爲奠停置于神前故謂之爲奠朝夕之奠無尊卑皆脯醢醴酒而已無牲體殷大也唯有小斂大斂朔月月半薦新祖奠及遣奠時有牲體大遣奠非直牛亦有馬牲耳故鄭云謂殷奠遣奠也鄭云喪所薦饋曰奠以無尸故也　凡會至任器　釋曰會同軍旅兼言行役謂王行巡守皆六軍從也云共其兵車之牛者但兵車駕四馬之外別有兩轅駕牛以載任器者亦謂之爲兵車故云兵車之牛也　注牽徬至用也　釋曰云牽徬在轅外輓牛也者上云兵車之

牛據在輈内者別言與其牽傍故云在輈外輓牛也
若然輈外在前者曰牽在旁者曰傍故鄭覆云人御
之居其前曰牽居其旁曰傍言人御之者以其在輈
外將御爲難故特言人御之也云任猶用也者謂在
軍所須之器物皆是也　凡祭至待事　注鄭司
至肉格　釋曰先鄭上文楅衡共爲一物後鄭已不
從今以互與楅衡共一彌不可玄謂互若今屠家縣
肉格其義可知但祭祀殺訖即有薦爛薦孰何得更
以肉縣于互乎然當是始殺解體未薦之時且縣于
互待解訖乃薦之故得有互以縣肉也故詩云或剝

或亨或肆或將注云肆陳也謂陳於互者也　充人至三月　釋曰云充人掌繫祀之牲牷者但祭祀之牲皆體牲具故以牷言之也云祀五帝者上云掌繫祭祀之牲牷則摠養天地宗廟之牲下別言祀五帝則略舉五帝而已其實昊天及地祇與四望社稷之等外神皆繫之也　注牢閑至氣成　釋曰云牢閑也者按人養馬謂之閑此養牛羊謂之爲牢言閑見其閑衛言牢見其牢固所從言之異其實一物也云必有閑者防禽獸觸齧者案春秋有郊牛之口傷鼷鼠食其角自外恐更有禽獸觸齧故鄭摠云要云養牛

羊曰芻者此經云繫于牢芻之惟據牛羊若犬豕則曰豢又不繫之矣云三月一時節氣成者釋必以三月之意案宣三年公羊云帝牲在于滌三月何休云滌宮名養帝牲三牢之處也　三牢者各主一月取三月一時足以充天牲是其三月之義也　享先王亦如之　釋曰上經天地外神已別于上故今以先王亦如之亦繫于牢芻之三月也　凡散祭祀養之　釋曰云散祭祀之牲直言繫于國門使養之不言三月則或一旬之內而已不必三月也案楚語王問于觀射父曰芻豢牲則不必三月其諸侯祭祀養牲幾何

對曰遠不過三月近不過浹日孔注云遠牛羊豕近犬雞之屬則諸侯祭祀養牲亦得三月及旬則天子亦有浹日之義若然此散祭祀亦可浹日而已注散祭至養之　釋曰鄭知散祭祀謂司中司命山川之屬者見上文陽祀陰祀望祀皆云毛之社稷四望已入毛之科內下别云凡時祀用牲物其中無社稷四望唯有天神司中司命以上地神山川以下此散祭祀則上時祀之神也故知散祭祀是司中以下言之屬者其中兼有林澤百物之等也　云國門謂城門司門之官者司門揔主王城十二門皆别有下士及府

史胥徒令養牲者是十二門而云司門之官者惣官首而言之其實非司門自養則先鄭云使守門者養之是也　展牲則告牷　注鄭司至近之　釋曰先鄭以爲選牲時後鄭不從者若是選牲時應在牧人牧人選訖始付充人令既在繫養之下乃言展牲則告牷明非初選牲故不從云謂展牲若今夕牲也者此擧漢法以況之又引特牲礼者以其天子礼亡故擧以言焉案彼宗人視牲告充亦謂祭前之夕夕牲時云擧獸尾者士用兔腊言獸尾止謂兔也言近之者彼謂士禮引證天子法故云近之　碩牲則贊

釋曰上經夕牲時此經據正祭時言碩牲者謂君牽牲入廟卿大夫贊幣而從皆云博碩肥腯此充人既是養牲之官當助持牛紖而牽之　注贊助至肥腯

釋曰鄭知有君牽牲者見祭義云君牽牲穆荅君卿大夫序從天子亦當然又引春秋傳者此春秋左氏傳楚武王侵隨少師請追楚師季梁止之曰天方授楚之羸其誘我也臣聞小之能敵大也小道大淫又云今民餒而君逞欲祝史矯舉以祭臣不知其可也公曰吾牲牷肥腯粢盛豐備何則不信對曰夫民神之主也是以聖王先成民而後致力於神故奉牲

以告曰博碩肥腯謂民力之普存也是其事也

周禮疏卷第十三

周禮疏卷第十四

唐朝散大夫行大學博士弘文館學士臣賈公彦等撰

載師至政令　釋曰此經與下經爲目言任土之法者任謂任其力勢所能生育即下經云廛里任国中之地以下是也云以物地事者此文還於任其力勢而物色之知其種植所宜何種云授地職者旣知地勢所宜而授有職事於地者云而待其政令者謂因其職事使出賦貢即下經園廛二十而一以下是

注任土至職之　釋曰云任土者任其力勢所能生育者力勢生育即下文物色是也云且以制貢賦也

者地勢所能生育本以字民但百姓足君孰與不足
故因民九職以制貢故云且以制貢賦也但地之所
出唯貢而已口率出錢及軍法乃名賦鄭并言賦者
以民有地貢即有錢賦及軍賦故鄭兼言賦也且禹
貢地貢亦名賦故云厥賦唯上上之等也云物物色
之以知其所宜之事者此言出於孝經緯故孝經緯
援神契云五岳藏神四瀆含靈五土出利以給天下
黃白宜種禾黑墳宜種麥蒼赤宜種菽洿泉宜種稻
所宜處多故鄭云之屬也但草人所云物地者據觀
形色布種所宜故二處皆云物地也云而授農牧衡

虞使職之者既物地知所宜須有職事案大宰職九職皆主營地以出貢山虞澤虞川衡林衡亦主地以出稅故知授地職中有此農牧衡虞之等但九職中略舉農牧二者案小司徒職云分地域而辨其守施其職彼守職文具故彼鄭注守謂衡虞職謂九職此經無守惟有地職故鄭以地職中兼見衡虞之守也

以廛里至畺地　釋曰此一經論任土之法但天子畿内千里中置國城四面至畺各五百里百里爲一節封授不同今則從近向遠發國中爲始也但自遠郊百里之内置六鄉七万五千家自外餘地有此

廛里以至牧田九等所任也云以公邑之田任甸地者郊外曰甸甸在遠郊之外其中置六遂七万五千家餘地既九等之人所受以爲公邑也但自此以至畿畺四處皆有公邑故據此而言也云以家邑之田任稍地者謂天子大夫各受采地二十五里在三百里之內也云以小都之田任縣地者謂天子之卿各受五十里采地在四百里縣地之內也云以大都之田任畺地者謂三公及親王子母弟各受百里采地在五百里畺地之中也名三百里地爲稍者以大夫地少稍稍給之故云稍也四百里爲縣者以四百里

采地之外地爲公邑主之者尊卑如縣正故司馬法
亦名四百里爲縣也五百里爲畺者以外畔至五百
里畿畺故以畺言之　注故書至公邑　釋曰云故
書廛或作壇已下先鄭及子春等不從故書者以其
壇與萬制義無所取故也鄭司農云廛市中空地未
有肆城中空地未有宅後鄭不從者以其廛者廛縣
於中里又訓爲居不得爲空地若空地何因有二十
而税乎且司農又不釋里之與廛義異故後鄭以爲
民居之區域與孟子五畝之宅及遂人夫一廛一物
解之也司農云民宅曰宅宅田以備益多也者司農

意以宅本一夫受一區恐後更有子弟國中不容故
别受宅田於近郊以備於後子弟益多出往居之後
鄭不從者依士相見禮致仕者有宅在國宅在野二
者依彼稱宅與此宅田文同故不從先鄭依彼解之
司農云士田者士大夫之子得而耕之田也後鄭不
從者以此士字言之不得兼大夫又禮記士之子不
免農大夫之子免農矣不得為大夫子得而耕之田
故後鄭破此士為仕仕謂鄉大夫已下仕官得田依
孟子圭田解之司農云賈田者吏為縣官賣財與之
田後鄭不從者依周礼之內云賈人者皆仕在官府

之屬受祿於公家何得復受田乎故後鄭以爲賈人其家所受田也司農云官田者公家之所耕田後鄭不從者下云近郊十一皆據此士官田之等若官田是公家所耕何得有稅乎故後鄭以爲府史之等仕在官家人所受田也司農云牛田者以養公家之牛後鄭不從者若是養公家牛何得下文有稅故後鄭亦爲牛人之家所受田也司農云賞田者賞賜之田此即夏官司勳云賞田一也故後鄭從之司農云牧田者牧六畜之田司農意此即牧人掌牧六牲者也後鄭不從者若是牧人牧六牲則是公家放牧之地

何得下文有稅乎故後鄭亦云牧人家人所受田也司農引司馬法已下者證經遠郊百里四百里爲縣五百里畺畺即都一也無取於州與野之義連引之耳子春云五十里爲近郊後鄭義亦然故書序云周公旣沒命君陳分正東郊成周鄭注云天子之國五十里爲近郊今河南洛陽相去則然是近郊五十里之驗也子春又云遠郊百里此與司馬法同故後鄭從之也云謂里居也案爾雅釋言云里邑也今云里居者但里居城邑之中故爾雅云里邑不謂訓里爲邑故鄭云里居也云園樹果蓏之屬者此謂田首之

界家有二畝半以為井竈葱韭者故得種樹果蓏之屬云季秋於中為場者七月詩云九月築場圃是也云樊圃謂之園者大宰九職有園圃毓草木并園言之詩折柳樊圃故云樊圃謂之園也引士相見者破先鄭以為宅田為民宅之義也云士讀為仕者後鄭之意單士悉不兼卿大夫故破從仕官之仕云所謂圭田也者所謂王制夫圭田無征復是殷法故圭田無稅入天子法故言無征此是周法故有近郊十一而稅引孟子者證圭田卿大夫士皆有之義也云賈田已下至言牧者之家所受田也者皆是不從司農

之義云公邑謂六遂餘地者欲見六鄉之外有九等之田無公邑之意云天子使大夫治之者以其四等公邑非鄉遂又非采地不見有主治之以司馬法云二百里同州四百里曰縣言之故知天子使大夫治之也云自此以外皆然者以大宰九賦有邦甸家稍邦都之賦非采地是公邑可知又三百里以外其地既廣三等采地所受無多故唯九十三國明自外皆是餘地爲公邑也若然是公邑之地有四處也云二百里三百里其大夫如州長四百里五百里其大夫如縣正者此約司法二百里同州四百里曰縣而言

則從二百里向外有四百里二百里爲一節故二百里三百里大夫治之尊卑如州長中大夫也四百里五百里尊卑如縣正下大夫也云是以或謂二百里爲州四百里爲縣云若此還據司馬法而言無正文約與彼同故言或又言云以疑之也云遂人亦監焉者案遂人云掌野鄭云郊外野大總言之則自百里外置六遂爲野自百里外至五百里畿皆曰野是以彼下又云夫間有遂云云而言以達于畿但鄉遂及公邑皆爲溝洫法是以遂人亦監焉云家邑大夫之采地小都卿之采地大都公之采地者此經有家邑

小都大都之文小司徒有四丘爲甸四甸爲縣四縣爲都彼據税入天子而言此總據采地大小而言則家邑二十五里大都百里通治溝洫及澮而言也云王子弟所食邑也者王子弟者據春秋之義凡言弟者皆王之同母弟則母弟與王之庶子與公同食百里地在畺稍疏者與卿同食五十里地在縣又疏者與大夫同食二十五里地在稍故在下别言王子弟所食邑云皆言任者地之形實不方平如圖者上經注任土者任其力勢所能生育彼并土故云任言任其生育此經皆單言任故以任其曲直高下形實解

之言任義得兩含也云受田邑者遠近不得盡如制
者地既不可方平如圖圖明受田受邑者不得盡如制
制制還是圖也云其所生育賦貢取正於是耳若此
鄭還釋任義非直任其形齊亦兼解任其生育貢賦
取正也是以上注云任其生育且以制貢賦也云以
廛里任國中而遂人職授民田夫一廛田百畮引之
者覆破司農謂廛為空地故云是廛里不謂民之邑
居在都城者與言正是民之邑居在都城者聲解之
也云凡王畿内方千里者據大司徒大司馬皆云王
畿千里而言也云積百同者王畿千里開方之方千

里為方百里者百百里為一同故云積百同云九百万夫之地也者一同百成成九百夫十成九千夫百成九万夫百同故九百万夫之地也云有山陵林麓川澤溝瀆城郭宮室涂巷三分去一餘六百万夫者案大司徒注積石曰山大阜曰陵注瀆曰川水鍾曰澤爾雅釋山山足曰麓此瀆非四瀆其溝亦非田間廣深四尺之溝直是通水之溝瀆也城謂方十二里郭謂郭郭宮室謂城郭之内官民宮室涂巷謂城内九經九緯及民間街巷之等三分去一謂九百万夫之中三分去一故云餘六百万夫也案洛邑千里之

中山林之等多於平地而鄭以三分去一據大較而
言也云又以田不易一易再易上中下相通者此相
通三家受六夫之地也云定受田者三百万家也者
亦據六百万夫相通而言也云遠郊之内地居四同
三十六万夫之地也者以其遠郊百里内置六鄉四
面相距二百里二二而四故四同每同有九万夫四
九三十六故知三十六万夫之地云三分去一其餘
二十四万夫者前文揔據畿内方千里三分去一此
更據四同之内山陵之等三分去一故其餘二十四
万夫也云六鄉之民七万五千家者鄉有万二千五

一百家六鄉故七万五千家云通不易一易再易一家受二夫則十五万夫之地者此亦相通而言也云其餘九万夫者據二十四万夫除十五万夫故餘九万夫也云廛里已下至半農人也鄭意九者未畢各整万家以大抵九者各為万家解之據整數而言耳云亦通受一夫焉者其中亦有不易一易再易相通而各受一夫焉云半農人也者農人相通各受二夫之地此受一夫故云半農人也云定受田十二万家也者此鄭揔計六鄉七万五千家此九者二夫為一夫九万為四万五千四万五千添七万五千為十二万

夫據實受地爲家數故云定也云食貨志云農民戶
一人已受田其家衆男爲餘夫亦以口受田如此引
之者證六鄉七萬五千家〻爲七夫爲計餘子弟多
三十壯有室其合受地亦與正夫同故遂人云夫一
廛田百畮餘夫亦如之是其餘衆男爲餘夫亦以口
受田如正夫之比類若然案孟子云圭田五十畝餘
夫二十五畝彼餘夫與正夫不同者彼餘夫是年二
十九已下未有妻受口田故二十五畝若三十有妻
則受夫田百畝故鄭注內則云三十受田給征役鄉
大夫注亦云有夫有婦乃成家何休亦云一夫一婦

受井田百畝云士工商家受一夫則上云半農人者
是也其家內無丈夫其餘家口不得如民人故五口
乃當農夫一人矣云令餘夫在遂地之中者謂百里
內置六鄉以九等受地皆以一夫為計其地則盡至
於餘夫無地可受則六鄉餘夫等並出耕在遂地之
中百里之外其六遂之餘夫並亦在遂地之中受田
矣故揔云令餘夫在遂地之中也云如此則士工商
以事入在官而餘夫以力出耕公邑者案食貨志士
農工商四民有業學以居位曰士闢土殖穀曰農作
巧成器曰工通財鬻貨曰商聖王量能授事四民陳

力受職故地無曠土又云農民戶一人已受田其家
衆男爲餘夫亦以口受田如此又云士工商家受田
五口乃當農夫一人此謂平土可以爲法又見齊語
管子對桓公亦云昔者聖王處士以閑燕處工就官
府處商就市井處農就田野皆云少而習焉其心安
焉據此二文皆有四民但民農已於上鄉遂公邑受
地故此唯說士工商三者也其身得祿免農其子不
免農故礼記問士之子長曰能耕矣大夫已上之子
則免農矣故礼運云大夫有田以處其子孫然士既
有祿沾及子弟故其家田亦五口乃當農夫一人也

其工商比農民為賤故其家人亦五口乃當農夫一
人此工商則與上賈人别彼賈人仕在官若府史但
異名耳此工商有事時復為官所使故云以事入在
官云餘夫以力出耕公邑者還是五口之内有丈夫
非士工商之身即曰餘夫百里内既置六鄉及九等
無地可居故知亦出耕公邑也云甸稍縣都合居九
十六同八百六十四万夫之地者經有任甸稍縣都
遠郊之内已入六鄉與九等故此特據甸地已外至
五百里但王畿千里惣計有百同已取四同為百里
内故餘有九十六同同有九万夫百同則九百萬夫

其中除四同三十六万井故餘為九十六同八百六
十四萬夫之地也云城郭宮室差少涂巷又狹者鄭
欲解於三分所去而存一之意但百里之外雖有公
邑采地城郭宮室比百里之內為狹少耳云於三分
所去六而存一焉以十八分之十三率之者但百里
之內則三分所去六不存一今於此三分所去之中
六內而存取其一則十八分之十三率之是也言十
八分之十三率之者若不六而存一則十八分之三
六十八去一分有十二存今於所去六中存取其一
以益十二則所去者五所存者十三故云十八分之

十三率之世案張逸問注十八分之十三率之何謂鄭荅曰六鄉之民上地不易家百畝一易家二百畝再易家三百畝相通三夫六百畝六遂之民上地家百畝萊五十畝中地家百畝萊百畝下地家百畝萊二百畝相通三夫而六百五十畝以三分去一之法當餘十二遂地以有五十畝萊於三分去一乃得十三若據此而言則於三分所去六而存一唯據上地有萊五十畝而說而鄭云城郭宮室差少塗巷又狹者但六而存一指據六夫受十三夫地而言今言城郭少塗巷狹者鄭意遠郊外上地有萊五十畝故言

於城郭少涂巷狹中出此萊地焉云則其餘六百二十四万夫之地通上中下六家而受十三夫定受田二百八十八万家也者三分所去六而存一之法即於同上計之先取九十同更别借取九十同添為百八十同是十八分之十三率之所得者百三十所去者五十向者借半今於百三十中還半餘有六十五同存仍有六同未分於六同别借取十二同添六為十八同三分所去六而存一則得十三同所去者五同向借十二同是三分借二分今還他二分則十三同中取十二同還他八同得四同一同者分為九万

夫還他六万夫得三万夫將此四同三万夫添前六
十五同揔爲六十九同三万夫矣一同九万夫取六
十同六九五十四爲五百四十万夫又有九同々有
九万夫九々八十一又爲八十一万夫通前三万夫
爲八十四万夫又添五百四十万夫揔爲六百二十
四万夫之地故云十八分之十三率之則其餘六百
二十四万夫也上中下者上地家百畝萊五十畝中
地家百畝萊百畝下地家百畝萊二百畝云六家而
受十三夫者以上地有萊五十畝故三夫受六夫半
六夫受十三夫矣云定受田者二百八十八万家也

若以六家受十三夫則六十万家受百三十万夫百二十万家受二百六十万夫之地又倍之二百四十万家受五百二十万夫之地餘有四十八万家於上借十二万家為六十万家是五分借一整數計之則六十万家受百三十万夫之地向五分借一今還五分除一六十除十二餘有四十八万家在地亦五分除一百三十除二十六万夫餘有一百四万夫地在將此四十八万家添前二百四十万為二百八十万家又將此一百四万夫地添前五百二十万夫總為六百二十四万夫矣云其在甸七万五千家為六遂

餘則公邑者鄭既揔計畿内遠近郊之外訖別更計二百里之中者以三百里巳外封三等采地采地多少不定不可計其六遂與六鄉相對故特計之以其六遂家數與六鄉相似但六鄉之内餘地有九等所居六遂餘地既無九等故以餘地為公邑也但邦畿千里唯民所止若東都地中言之東西雖有平地至於三面山林徧有今鄭所計雖三分去一豈有二分平土乎且六鄉之民猶可以數計之其九等之地豈各万夫為定乎但鄭欲以開悟後人聊以整數為算法耳　凡任至而五　釋曰上經言任地所在此經言

出稅多少不同之事云國宅無征者征稅也謂城內官府治處無稅也云園廛二十而一者園即上經場圃場圃任園地廛即上經廛里任國中之地并言之者以其出稅同故也云近郊十一者即上經宅田士田賈田任在近郊者同十一而稅也云遠郊二十而三即上經官田牛田賞田牧田任遠郊之地同二十而三即上經官田牛田賞田牧田任遠郊之地同二十而稅三也云甸稍縣都皆無過十二者即上經公邑之田任甸地已下至任畺地四處皆無過十而稅二但此四處出稅不同據上文直言公邑之田任甸

地則甸地之中兼有六遂矣其稍縣都文惟言家邑
小都大都三等采地爲井田鋤法不見公邑則三者
之中皆有公邑故上注云自此已外皆然若然則此
云十二者除三等采地而言以其鄉遂公邑皆爲夏
之貢法故也云漆林之征二十而五者上之三等爲
輕近重遠法此漆林之稅特重以其漆林自然所生
非人力所作故也
注征稅至有瓜　釋曰司農
云國宅城中宅也無征無稅也者先鄭意廛既爲宅
地非民宅則此國宅城中宅謂民宅也後鄭不從者
後鄭意以廛里既爲民宅則此國宅非民宅是以爲

官府治事處解之云謂國宅凡官所有宮室吏所治
者也者吏即卿大夫等則匠人云外有九室九卿治
之是也故無征也云周稅輕近而重遠近者多役也
者以其城內及城外近城者給公家使使役多於稅
上輕而優之遠城者役少故於稅上重而苦之故不
依十一而稅唯近郊之內當十一耳云園廛亦輕之
者廛無穀園少利也者以其廛則五畮之宅在國中
則孟子云五畮之宅樹之以桑麻是廛無穀也園少
利者此園則百畮田畔家各二畮半以為井竈種葱
韭及瓜是園少利故亦輕之云古之宅必樹者即孟

子桑麻是也云疆場有瓜者是信南山詩云中田有廬疆場有瓜鄭云中田田中作廬以便其事於其時種瓜瓜成又入其稅天子剝削淹漬以為菹獻之皇祖是其園廛亦有稅之事也異義第五田稅今春秋公羊説十一而稅過於十一大桀小桀減於十一大貉小貉十一稅天子之正十一行而頌聲作故周礼國中園廛之賦二十而稅一近郊十而稅一遠郊二十而稅三有軍旅之歲一井九夫百畝之賦出禾二百四十斛芻秉二百四十斛釜米十六斗案公羊什一稅遠近無差漢制收租田有上中下與周礼同義

云之閒也周礼制稅法輕近而重遠者為民城道溝渠之役近者勞遠者逸故也其授民田家所養者多與之美田所養者少則與之薄田其調均之而足故可以為常法漢無授田之法富者貴美且多貧者賤薄且少美薄之收不通相倍從而上中下也與周礼同義未之思也又周礼六篇無云軍旅之歲一井九夫百畮之稅出禾芻秉筥米之事可以得此言乎若然周礼稅法據王畿公羊稅法據諸侯邦国諸侯邦国無遠近之差者以其国地狹少役賦事暇故無遠近之差也　乃宅至之征○釋曰以草木為地毛民

有五畮之宅廬舍之外不樹桑麻之毛者罰以二十
五家之税布謂口率出泉漢法口百二十也云凡田
不耕者出屋粟者夫三為屋民有百畮之田不耕墾
種作者罰以三夫之税粟云凡民無職事者出夫家
之征者此則大宰閒民無常職轉移執事之人雖不
事當家田宅無可賦税仍使出夫税家税之征以勸
之使樂業也　注鄭司農至繇役　釋曰先鄭云不
毛者謂不樹桑麻據孟子為説也云里布至抱此布
此説非故先鄭自破之也云或曰布泉以下至廛布
此説合義也云春秋傳曰買之百兩一布此昭公二

十六年左氏傳文案彼文齊侯以師欲納昭公申豐從女賈以幣錦二兩以適齊師謂子猶之人高齮能貨子猶爲高氏後高齮以錦示子猶子猶欲之齮曰魯人買之百兩一布杜注云言魯人買此甚多布陳之以百兩爲數杜以爲布爲陳不爲布泉此先鄭以彼布與此布及外府邦布皆爲泉與杜義異也云廛人職掌斂布之次布已下彼注先鄭云次布列肆之稅布總布後鄭云總讀如租穗之穗穗布謂守斗斛銓衡之布質布謂質人所罰犯質劑者之布罰布者謂犯市令者之泉廛布者貨賄諸物邸舍之稅彼諸

布皆是泉故引以為證也又孟子廛無夫里之布亦謂口率出泉宅不毛無一里之罰布天下民願為之民矣云欲令民就四業則無稅賦以勸之者案閭師四業畜也耕也樹也蠶也或說以四時之業也玄謂宅不毛者罰以一里二十五家之泉者此就足司農之義空田者罰以三家之稅粟者以夫三為屋以三夫解屋也云以共吉凶二服及喪器也者案鄉師職云比共吉凶二服閭共祭器族共喪器黨共射器州共賓器但射器賓器等為國行禮故出官物為之惟吉凶二服及喪器是民自共用不可出官物故比族

主集此罰物為之故鄭唯據此二事而言也云夫稅者百畝之稅知者以家稅為士徒故知是一夫之田所稅粟也云家稅者出士徒車輦給繇役知者案縣師云若將有軍旅會同作其衆庶及馬牛車輦故知家稅是士徒車輦也趙商問載師職凡宅不毛乃罰以一里布田不耕者罰屋粟商以田不耕其罪莫重宅不毛其罰當輕宅不毛乃罰以二十五家之布田不耕則罰之三夫之稅粟未達罰之云為之言輕重之差鄭荅此法各當罰其事於當其有故何以假他輕重乎　以時徵其賦　釋曰閭師徵斂六鄉之

賦貢遂師旅師歛六遂已外之賦貢自有常官但徵歛事重以載師既掌載内地事因并徵其賦相左右也案下閭師注賦謂九賦及九貢則此賦貢含有也至於里布屋粟及閒民夫家之征亦可徵之　閭師至其賦　釋曰閭師徵歛百里内之賦貢故云掌国中及四郊之人民及六畜之數以其人民是出賦之數其六畜是營作之本故須知數也云以任其力者謂以人民六畜任使其力也云以待其政令者政令謂賦役皆是也以時徵其賦者賦貢所徵當順其四時故云以時也　注国中至九貢　釋曰云国中及

四郊是所主數者以其六鄉之民居在国中及四郊
其政教自有鄉大夫以下施之今閭師主徵歛直知
其人數而已故云是主數也云六鄉之中自廛里至
遠郊也者此鄭重解國中及四郊之義據上文廛里
至任遠郊之地其中含有六鄉七万五千家故鄭指
六鄉而言也云掌六畜數者農事之本也者六畜謂
馬牛羊豕犬雞則唯牛可為農事而鄭揔云農事之
本者羊馬犬雞雖不用為農事皆是人之相資藉以
為用故揔入農事之中是以閭師主徵歛亦揔知其
數也云賦謂九賦者案下又陳貢故知賦中兼有貢

經直言賦者以賦爲主耳賦謂口率出泉若然案大
宰九賦從邦中以至幣餘爲九等此國中及四郊於
九賦之中惟有二賦而言九賦者亦大揔而言也其
九貢又與大宰別彼九貢者與小行人春入貢爲一
謂諸侯之九貢即大宰九職之貢與下文貢九穀之
等是一也　凡任至其物　釋曰案大宰以九職任
万民謂任使万民各有職事有職事必有功有功即
有貢故此論貢之法也言凡任民謂任使万民使出
貢與下爲目云任農以耕事貢九穀者案大宰職云
一曰三農生九穀故此還使貢九穀九穀之數大宰

已注說云任圃以樹事貢草木者大宰云二曰園圃毓草木故還使貢草木謂菜蔬果蓏之屬云任工以飭材事貢器物者大宰云五曰百工飭化八材但八材飭治以為器物故此還使貢之也云任商以市事貢貨賄者大宰云六曰商賈阜通貨賄故還使貢貨賄也云任牧以畜事貢鳥獸者大宰云四曰藪牧養蕃鳥獸故還使貢鳥獸也云任嬪以女事貢布帛者大宰云七曰嬪婦化治絲枲故還使貢布帛女即彼嬪婦也云任衡以山事貢其物者大宰云三曰虞衡作山澤之材々即物也以其山澤所出物多故云物

若禹貢云海物然也序官山澤稱虞川林稱衡此文云任衡以山事山不稱虞者欲見山中可以兼川林亦貢物故互見為義也此文次第與大宰不同者彼依事大小為次此不依彼為次者欲見事無常故也且彼有九職仍并山澤為一此文分山澤為二唯有八者但九職有臣妾及閒民此無者以周公設經任之則有臣妾使得自生若責稅則無以其聚斂蔬材無可稅故也其閒民載師已見出夫家之征故於此不言之矣其分山澤為二者以山澤出貢不同故分為二以充八通閒民為九耳　注貢草至之屬　釋

曰案大宰注疏材百草根實與此注不同者但百草根實即菱芡果蓏百草中可以兼木矣　凡無至夫布　釋曰無職非一故言凡此無職即大宰閒民無常職轉移執事者也轉移執事即是有職而言無職者為有職者執事當家廛地不事即無職也云出夫布者亦使出一夫口稅之泉也　注獨言至九賦　釋曰云獨言無職者掌其九賦者上皆論貢不言賦惟此無職之人言夫布夫布即賦也以其掌九賦者上雖直云貢九賦亦掌之故云掌其九賦案劉琰問載師職云凡民無職事者出夫家之征閭師職云

凡無職者出夫布夫家之征與夫布其異如何鄭荅云夫家之征者田稅如今租矣夫布者如今筭斂在九賦中者也以此言之若今租即夫征不得兼言家鄭連言家挾句耳劉琰又問閭師職云凡任民任農以耕事貢九穀下至任虞凡八貢不道九賦下言凡無職者出夫布注云獨言無職者掌其九賦若此者豈上八貢者復出八賦與無職所出夫布凡為九邪自布賦不同重計八貢未之能審也鄭荅曰讀天官冢宰職則審矣無職在九賦中今此不言其餘獨言此者此官掌斂賦嫌無職者不審出筭故言耳鄭云

讀天官冢宰則審若案冢宰職九職九賦別九賦自邦中以至邦都六也加以關市山澤及幣餘為九九職不言服數或一服之中而有職安得八賦依八貢出之乎言審矣若審八賦不依九職為九可知故云審矣若然無職在賦中其句下讀為義不連於上也欲明無職之人非直在九職中亦在九賦中故云無職在九賦中也　凡庶至不衰　釋曰云庶人不畜者祭無牲者案孟子云庶人五母鷄二母彘無失其時是以不畜者當罰之故死後祭無牲也庶人用牲之法若王制云非進以卵麥以魚黍以豚稻以鴈注云

庶人無常牲取以新物相宜而已是也云不耕者祭無盛者黍稷曰盛耕者所以殖黍稷今惰農自安不殖黍稷故死後祭之無盛也云不樹者無椁者庶人五畝之宅樹以桑麻今宅不毛非直罰以里布死後又無五寸之椁也云不蠶者不帛者蠶則得帛孟子云五十可以衣帛以不蠶故身不得衣帛云不績者不衰者緝績者得布其衰裳以布爲之其婦人不績其麻者死則不爲之著衰裳以罰之也　縣師至廢置　釋曰云掌邦国據畿外諸侯言都鄙據畿内五百里四百里大都小都言稍據三百里家邑言甸據

二百里六遂言郊里據從遠郊至國中六鄉之民也
從外向內而訟之言地域者從邦國至六鄉各有地
域廣狹云而辨其夫家人民田萊之數者夫家猶言
男女人民謂奴婢田萊見田及荒不耕者之萊其數
皆知故云之數也云及其六畜車輦之稽者六畜馬
牛羊豕犬雞車所以駕馬輦人挽行之稽計也謂所
計之數皆知之云三年大比則以攷羣吏而以詔廢
置者古者亦三年一大案比戶口則考校主民之群
吏校其功過以詔告在上有功者置之以進爵位有
過者廢退之　注郊里至言近　釋曰云郊里郊所

居也者謂六鄉之民布在國中外至遠郊故有居在
郊者也案遂人云鄉里之委積又云郊里之委積彼
云鄉里據國中云郊里據在郊與此同也必知鄉民
有居在郊者見比長云徙于國中及郊則從而授之
若徙于他則為之旌節而行之國中及郊不云他明
郊與國中同是鄉民也云自邦國以及四郊之內是
所主數者其義若閭師耳云周天下也者邦國則六
服四郊則兼國中故云周徧天下也云萊休不耕者
詩云田卒汙萊注云下者汙高者萊是萊謂草萊之
地若上地萊五十畮之類也云郊內謂之易郊外謂

之萊善言近若郊外言萊即此經田萊據郊而言遂人亦云萊五十畮百畮之類是萊是草萊穢惡之稱也郊内謂之易無文案大司徒云凡造都鄙制其地域云上地不易中地一易下地再易司徒主六鄉則六鄉之地從易可知不言萊直言易者善言近也

若將至而至　釋曰云若將有軍旅者言若謂若有無不定之辭將有謂事未至軍旅謂征伐會同謂時見殷見田役謂四時田獵之戒有此數事則豫戒令之云受法于司馬者司馬主將事故先於司馬處受出軍多少及法式也云以作其衆庶者謂於司馬處

得法乃作起其庶衆已下云會其車人之卒伍者謂會合車人人則百人為卒五人為伍車亦有卒伍云使皆備旗鼓兵器者旗謂若司馬云秋辨旗物王載大常已下鼓謂司馬云春辨鼓鐸王執路鼓已下兵器謂弓矢殳矛戈戟也以帥而至者鄉師云以旗致万民此云而至者謂帥而至鄉師也　凡造至其域

釋曰言造都謂大都小都邑謂家邑也云量其地者家邑二十五里大都百里小都五十里也云辨其物者三等之地所有不同云制其域者域即疆域大小是也　注物謂至以封　釋曰云物謂地所有也者若

地物無所有不得耕墾若山澤者不授之故引王制
云名山大澤不以封也　以歲至賦貢　釋曰以郊
内賦貢閭師徵斂郊外曰野所有賦貢縣師徵之遂
師旅師斂之故云徵野之賦貢　注野謂甸至師同
釋曰知野含有甸稍縣都者以其縣師并掌天下既
邦國與畿内不同明野中唯含有此四者也云所徵
賦貢與閭師同者但閭師徵六鄉賦貢并斂之此縣
師所徵四處賦貢與閭師同若斂野之賦貢是遂師
旅師也故直云徵之同明斂則異也　遺人至凶荒
釋曰此官主施惠故掌邦之委積以待施惠此與

下為摠目也云鄉里之委積以恤民之艱阨者此下數者皆謂當年所稅多少摠送帳於上在上商量計一年足國用外則隨便留之以為恤民之艱阨之等也艱阨謂年穀不熟不熟民有困乏則振恤之云門關之委積以養老孤者門謂十二國門關謂十二關門出入皆有稅所稅得者亦送帳多少足國用之外留之以養老孤故司門云以其財養死政之老與其孤注云財所謂門關之委積也是其所留之財也云郊里之委積以待賓客者里居也郊民所居即六鄉民所居郊有其委積留之以待賓客者其賓客至郊

與主國使者交接因即與之廩餼使敬以待賓客也云野鄙之委積以待羇旅者上既言郊里據遠郊則此野鄙據六遂在郊外曰野六遂中有五百家鄙故以鄙表六遂耳則野鄙中可以兼得公邑在甸地者也旅客也謂客有羇繫在此未得去者則於此惠之但羇旅皆有獨於此見惠者但甸地在二百里中於外內有羇旅皆得取之故獨見於此也云縣都之委積以待凶荒者縣謂四百里都謂五百里不見稍三百里則縣都中可以兼之凶荒謂年穀不孰則曲礼云歲凶年穀不登是也特於此三處見凶荒者凶荒

則畿内畿外皆有若畿外凶荒則入向畿内取之畿内凶荒則向畿外取之是以鄭君通給解之故於於近畿三百里以外待凶荒之事也　注委積至為羇

釋曰倉人主藏穀廩人主藏米自計九穀之數至餘法用皆約倉人文案倉人云辨九穀之物以待邦用若穀不熟則止餘法用有餘則藏之以待凶而頒之注止猶殺餘法用謂道路之委積所以豐優賓客之屬又案廩人云掌九穀之數以待國之分頒謂若委人之職謂委積以稍聚待賓客以甸聚待羇旅是廩人亦云委積若然穀不足止　餘法用則此鄉里

已下皆無入委積之事故云止餘法用也雖無新物
以入委積其舊委積所藏者則給羈阨老孤之等故
倉人云藏之以待凶而頒之掌客云凶荒則殺禮若
謂除道路委積之外也云藏內邦之移用亦如此也
者藏內所云亦謂本司所用有餘乃移於他處故云
亦如此也云少曰委多曰積者據此文三十里言委
五十里言積相對而言若散文則多亦曰委委人所
云薪蒸亦曰委是也云羈阨猶困乏也者案書傳云
行而無資謂之乏居而無食謂之困　凡賓至有積
釋曰上經委積隨其所須之處而委積此經所陳委

積據會同師役行道所須故分布於道路遠處須多
故有積近處須少故有飲食及委也　注廬若至一
宿　釋曰云廬若今野候徒有房也者此舉漢法以
況義漢時野路候迎賓客之處皆有房舍與廬相似
云宿可止宿若今亭有室矣者案漢法十里有亭有
三老人皆有官室故引以爲況也云一市之間有三
廬一宿若十里二十里有廬三十里有宿四十里又
有一廬五十里布市是其一市之間三廬一宿凡廬
有四義十里有廬一也中田有廬二也易剥之上九
云君子得輿小人剥廬注云小人傲很當剥徹廬舍

而去三也公劉詩云於時廬旅鄭云廬舍安民館舍施教令四也　凡委至頒之　釋曰言凡委積上二委積之事是也以時頒之則以待者是也　均人至力政　釋曰均人所均政已下惣均畿內鄉遂及公邑云均地政者謂均地守地職二者之稅使皆十一而出稅又均人民已下力征之事也　注政讀至之屬　釋曰鄭破政為征者以經政是政教之政非征稅之征故破之也鄭又知地征是地守地職之稅者以其出稅無過地守地職二者故知之也云地守衡虞之屬者亦謂畿內川衡林衡山虞澤虞皆遣其

地之民守護之及其入山林川澤取之者使出税以當邦賦云地職農圃之屬者此即大宰九職云一曰三農二曰園圃之屬以九職任之因使出税也云力征已下并車輦並是力之征税若然土均云掌平地之政以均地守以均地事以均地貢注云所平之税邦國都鄙也與此鄉遂及公邑别彼又云地貢鄭云謂諸侯之九貢與此九職之貢又不同也　凡均至日焉　釋曰此所均力政者即上人民之力征不通牛馬車輦故禮記王制云用民之力歲不過三日是此亦據人所言也云以歲上下者上即豐年下即儉

年也豐年則公旬用三日者公事也旬均也謂為事均用三日也　注豐年至作旬者　釋曰鄭知豐年人食四鬴已下者案廪人云人四鬴上也人三鬴中也人二鬴下也而知之彼又云不能人二鬴則令邦移民就穀此時則無力征矣若然此食二鬴而言無年無年者鄭云無贏儲仍未移民就賤此無年與彼不能人二鬴之歲不同彼不能人二鬴自然無贏儲也云公事也者此天子之法非諸侯之禮不得為公君解之故從公事而釋也云旬均也者王制既云用民歲不過三日明不得為旬十日解之故破從均恐

不平故云均也云讀如當〻原隰之當者彼詩當〻是均田之意故讀從之云易坤為均今書亦有作旬者彼易坤為地地德均平是以均為義〻今書今易書有作旬字者旬與均俱有均平之意故引為證也

凶札至財賦　釋曰凶謂年穀不熟札謂天下疫病則無此力征及財賦二事此即廩人云不能人二鬴之歲　注無力至賦也　釋曰云財賦九賦也者此即大宰九賦謂口率出泉知賦中惟是九賦者以下文有地守地職故此惟有九賦也若然上均地政不言均九賦亦均之可知　三年至大均　注有年至

或闕　釋曰經既云大均明知有年及　年皆　大平均計之也云久不脩則數或闕者三年一闕是其久久　脩謂　大平計則其中閒不知其數不知其數則是數闕也

周禮卷第十四

周禮正義
廿八之九

十八之九

周禮疏卷第十八

唐朝散大夫行大學博士弘文　學士臣賈　公彦　等撰

春官宗伯　釋曰鄭目録云象春所立之官也宗尊也伯長也春者出生万物天子立宗伯使掌邦礼典礼以事神爲上亦所以使天下報本反始不言司者鬼神示人之所尊不敢主之故也　惟王至邦国　釋曰云掌邦礼以佐王和邦国者樂主和同礼主簡别案樂記云樂勝則流礼勝則離鄭云離謂析居不和恐其不和是以礼言和論語云礼之用和爲貴也

・注礼謂至是也　釋曰云礼謂曲礼五者案礼序

云礼者體也履也一字兩訓蓋有以也統之於心名
爲體周礼是也践而行之名曰履儀礼是也既名儀
礼亦名曲礼故礼器云經礼三百曲礼三千鄭云
經礼謂周禮也曲猶事也事礼謂今礼也其中事儀
三千若然則儀礼為曲礼今此鄭云礼謂曲禮五者
對文則儀礼是曲礼周礼是經礼散文此周礼亦名
曲礼是以藝文志云帝王世有損益至周曲為之防
是指此周礼為曲礼也云吉凶賓軍嘉其别三十有
六者並據下文而知鄭司農云宗伯主礼之官而引
書堯典帝曰者謂舜咨四岳曰有能典朕三礼〻〻

者謂天地人之礼也云僉曰伯夷者四岳同辭而對共舉伯夷也云帝曰俞者俞然也然其所舉云咨伯女作秩宗者帝舜命伯夷使為秩宗秩次也言宗伯主次序鬼神之事案彼虞書云脩五礼下又云典朕三礼三五不同者鄭義上云脩五礼與下五玉連文五玉是諸侯所執玉則五礼非吉凶賓軍嘉之五礼故鄭云五礼公侯伯子男之礼是以礼論云唐虞有三礼至周分為五礼若然云三礼不言五礼則三礼中含有五礼矣引国語者是楚昭王問於觀射父觀射父對此辭言名姓之　後者孔服注以為聖人大德

之後云能知四時之生犧牲之物者孔服皆以為生謂粢盛犧謂純毛色牲謂牛羊豕云玉帛之類者孔服皆以為礼神玉帛謂若宗伯云蒼璧黃琮牲幣各放其器之色是也云采服之宜者服氏云祭祀之所服色謂若司服衮冕以下是也云彝器之量者服云量數也祭祀之器皆當其數云次主之度者服云次廟主之尊卑先後遠近之度云屏攝之位者服以云屏猶并也謂攝主不備并之其位不得在正主之位即引曾子問云若宗子有罪居于他国庶子為大夫其祭也祝曰孝子某使介子某執其常事又云攝主

不厭祭不旅不假不緩祭不配是其攝主并之事左氏昭十八年夏五月宋衛陳鄭災時鄭子産使子寬子上巡羣屏攝彼鄭司農云束茅以為屏蔽祭神之処草易然故巡行之此屏攝義與國語異云壇場之所者孔云去廟為祧去祧為壇去壇為墠孔又云場祭道神曾子問道而出是也云上下之神祇者孔氏云上謂凡在天之神天及日月星下謂凡在地之神謂地山林川谷丘陵也云氏姓之所出而率舊典者為之宗者孔氏云既非先聖之後又非名姓之後但氏姓所出之後子孫而心常能循舊典者則為大宗々

〻者於周爲宗伯云春秋禘於大廟者是文二年秋
八月公羊云大事者何大祫也大祫者何合祭也其
合祭奈何毀廟之主陳於大祖未毀廟之主皆升合
食於大祖列昭穆序父子云躋僖公者案左氏云逆
祀也時夏父弗忌爲宗人逆祀者弗忌云吾見新鬼
大故鬼小躋升也謂升僖公主於閔公之上列之者
證宗是宗人主鬼神也云又曰使宗人釁夏獻其礼
者此哀公二十四年公子荊之母嬖將以爲夫人使
宗人釁夏獻其立夫人之礼對曰無之公怒曰汝爲
宗司立夫人国之大礼也何故無之對曰周公及武

公娶於薛孝惠娶於商自桓以下娶於齊此礼也則有若以妾爲夫人則固無其礼也公卒立之列之者亦證宗人主禮也又列礼特牲者此特牲饋食礼是宿賓之明夕視濯主人與衆兄弟及賓入即堂下位宗人升自西階視壺濯及豆籩反降東北面告濯具注云東北面告緣賓意欲聞也列此者亦證宗人主礼也云唐虞歷三代以宗官典国之礼與其祭祀者所云虞書是虞法并云唐者堯舜道同故列虞則唐亦與虞同也言歷三代者上舉唐虞下舉周法則其中夏殷亦宗官掌礼可知故揔以三代言之也云則

漢時大常是也者以代異法殊礼有沿革故至漢時
祭祀之礼使大常主之故云漢之大常是也但此宗
伯主禮并下文主鬼神自分明必引諸文為證者當
時張包周孟子何休等不信周禮是周公所制以為
六国時陰謀之書故先鄭以諸文為證也　礼官至
十人　釋曰此一經與下五十九官為長此官大宗
伯小宗伯肆師並别職上士已下即三職同有此官
可謂别職同官者也大宗伯則揔掌三十六禮之等
小宗伯副貳大宗伯之事肆師主陳祭位之等此並
亦轉相副貳之事也　注肆猶至粢盛　釋曰鄭知

肆師佐宗伯陳列祭祀之位者案小宗伯云掌建邦
之神位肆師云立大祀用玉帛牲牷之等故知佐宗
伯陳列祭祀之位也知亦陳牲器粢盛者案其職云
大祭祀展犧牲繫于牢頒于職人又云祭之日表齍
盛告絜展器陳告備是其陳牲器粢盛之事也　鬱
人　注鬱〻至和鬯　釋曰凡敘官不以官尊爲先
後直以緩急〻者爲先鬱人爲前者祭祀宗廟先灌
灌用鬱故其職云掌祼器故宜先陳也鄭云鬱〻金
香草者王度記謂之鬯〻即鬱金香草也云宜以和
鬯者鬯人所掌者是秬米爲酒不和鬱者皆祭宗廟

及灌賓客則鬯人以鬯酒入鬱人鬱人得之築鬱金草煑之以和鬯酒則謂之鬱鬯也　鬯人　注鬯釀至二米　釋曰鬯人在此者案其職云掌共秬鬯祭社禜門先用鬯故宜先言未有鬱條暢得名云條暢於上下也者若宗廟及賓客以灌地此雖無鬱至於下經用鬯祭祀者亦尸所飲以灌地灌地者其汁下入於地其氣上升於天故云條暢於上下也云秬如黑黍一稃二米者案爾雅云秬黑黍秠一稃二米此爾雅上文云秬黑黍是一米之秬直以秬為名下文云秠一稃二米亦是黑黍但無黑黍之名但二米之

秬貴此鬯酒用二米者故鄭云秬如黑黍此據爾雅
下文二米之秬其狀如上文黑黍者若然爾雅云秠
一稃二米不言黑黍者爾雅主爲釋詩章生民詩云
維秬維秠爾雅云秬黑黍即是維秬者爾雅云一稃
二米即是維秠者也若然爾雅及詩云秠者即黑黍
之皮以皮而見秬是以鄭志張逸問云鬯人職注云
秬如黑黍一稃二米案爾雅秠一稃二米未知二者
同異鄭荅云秠即其皮稃亦皮爾雅重言以曉人更
無異稱也鄭云重言者秠既是皮復云稃亦皮是重
言也恐人不知秠是皮故重言稃〻秠是一還是秬

故云更無異稱也　雞人　釋曰雞人在此者案雞人職云共雞牲大祭祀夜呼旦雞又屬木在春故列職於此也　司尊彝　釋曰在此者案職云掌六彝六尊之位尊彝是祭祀之事故列職於此也　注彝亦至法正　釋曰彝亦尊者以其同是酒器但盛鬱鬯與酒不同故異其名耳云鬱鬯曰彝〻法也者祭宗廟在室先陳後乃向外陳齊酒之尊以彝為法故名此鬱鬯曰彝也是以鄭云言為尊之法也　司几筵　釋曰在此者凡祭祀先設席故其職云掌五几五席辨其用與其位故列職於此也　注筵亦至通矣

釋曰云鋪陳曰筵藉之曰席者設席之法先設者皆言筵後加者為席故其職云設莞筵紛純加繅席畫純假令一席在地或亦云筵儀礼少牢云司宮筵於奥是也是先設者為鋪陳曰筵藉之曰席也云然其言之筵席通矣者所云筵席惟據鋪之先後為名其筵席止是一物故云然其言之筵席通矣　天府

釋曰天府在此者其職云掌祖廟之守藏大祭祀則出而陳於廟庭故亦列職於此也　注府物至物然　釋曰云府物所藏者鄭惣解府義府聚也凡物所聚皆曰府官人所聚曰官府在人身中飲食所聚

謂之六府詩云叔在藪火烈具舉注藪澤禽之府也
大府玉府外内府泉府皆是藏財貨鄭云藏財貨曰
府亦是物所藏也云言天者尊此所藏若天物然者
案其職云凡国之玉鎮大寶器藏焉是尊此所藏若
天物然故名此府爲天府也　典瑞　釋曰在此者
案其職云掌玉瑞玉器之藏下又云王搢大圭執鎮
圭以朝日則是玉瑞祭時所執玉器所以礼神雖有
餘事以事神爲主在此宜也　注瑞節至重玉節　釋
曰云瑞節信也者其天子所執者若受天之應瑞然
其諸侯所執者若受得玉瑞亦如天之應瑞故云節

信也云典瑞若今符璽郎者鄭意周時典瑞似漢時
符璽郎故舉漢法而況之　典命　釋曰在此者案
其職云掌諸侯之五儀諸臣之五等之命凡官之所
屬義有多種从宗伯主礼及祭祀之事故凡是祭祀
及礼事皆屬焉此典命遷秩群臣亦是礼事又爵命
屬陽故礼記云古者於禘也發爵賜服賞以春夏不
於夏官者貴始故於春見之在此　注命謂至之書
釋曰凡言命者皆得簡策之命秩次也命出於王
故云命謂王遷秩群臣之書今即簡策是也　司服
釋曰在此者案其職云掌王之吉凶衣服公羊傳

云命者何加我服也再命已上得命即得服故司服
列職於典命之下也　典祀　釋曰在此者案其職云
掌外祭祀之兆守皆有域掌其禁令若以時祭祀則
帥其屬而脩除以其職祭事故列職於此也　守祧
釋曰遠廟爲祧案其職掌先王先公之廟祧若將
祭祀則各以其服授尸故列職在此有奄八人有以
其與女祧及奚婦人同處故須奄人通姜嫄爲八廟
廟一人故八人也　注遠廟至奴也　釋曰遠廟曰
祧者案祭法云遠廟爲祧有二祧享嘗乃止鄭云祧
之言超也超上去意也云周爲文王武王廟遷主藏

焉者案王制及祭法云王之七廟有二祧之文鄭知周之二祧是文武者鄭義二祧則祖宗是也故祭法云祖文王而宗武王鄭云祖宗通言爾是祖其有德宗其有功其廟不毀故云祧也知遷主藏焉者以其顯考已下其廟毀不可以藏遷主文武既不毀明當昭者藏於武王廟當穆者藏於文王廟可知故云遷主藏焉若文武已上父祖不可入下子孫之廟宜藏於后稷之廟但文武既爲二祧后稷爲大祖廟不可復稱祧故不變本名稱大祖也諸侯既不可與天子同有二祧其遷主則惣藏於大祖廟則謂大祖廟爲

祧故聘禮云不腆先君之祧既拚以俟矣是也云奄
如今之官者漢以奄人為內官則名奄人為宦故舉
以況之也云女祧女奴有才智者亦若天官云女酒
女漿女祝下文云女史之類皆女奴有才智者為之
無才智者即入奚類也云天子七廟已下並王制文
七廟者據周而言若殷人已下依禮緯唐人五廟夏
亦五廟殷六廟與周不同也　世婦　釋曰名世婦
者以其主婦人之事王后已下至女御言世婦舉中
以為名也在此者案其職云掌女宮之宿戒及祭祀
比其具是祭事故列職於此也云每宮卿二人者王

后有六宫每宫卿二人則十二人也此主婦人則卿
大夫士並奄人爲之若然天官云內小臣奄上士四
人鄭云奄稱士異其賢似卿大夫不用奄人者案彼
天官之內職內有婦人者皆用奄人獨此宫卿大夫
士與下女府女史奚同居不用奄非其宜但此經不
言奄故鄭亦不言奄其實是奄可知是以賈馬皆云
奄卿也然鄭云漢始大長秋亦見周時用奄之義也
但天官惟有小臣是上士用奄人鄭即云奄稱士異
其賢也若然小臣上士言奄此不言奄者但上天官
共婦人同職皆已言奄於此略而不言耳案王之六

卿皆六命十二小卿皆四命此六宫十二卿不言命數亦可當小宰小司徒等十二小卿同用四命中大夫爲之以其同十二人故也　內宗至爵者　釋曰在此者案其職云掌宗廟之祭祀薦加豆籩並是助祭之人故列職於此也　注內女至之言　釋曰言內女明是王之族內之女故云王同姓之女爲內宗也云有爵其嫁於大夫及士者但婦人無爵從夫之爵今言內女有爵明嫁與卿大夫及士周之法爵亦及士故兼言士也不言數而言凡故鄭云凡無常數之言以其王之族內之女無定數故也　外宗至爵

者　釋曰在此者案其職云掌宗廟之祭祀佐王后
薦玉豆眡豆籩亦是助祭祀之人故亦列職於此也
注外女至外宗　釋曰鄭知外宗是王諸姑姊妹
之女者以其稱外明非已族故稱外宗外女也鄭不
解有爵者已於内宗注訖明此亦是嫁與大夫及士
可知也言凡亦是無常數之言也　冢人　釋曰在
此者案其職云掌公墓之地辨其兆域以昭穆爲左
右雖非祭祀亦是祀事故亦列職於此也　注冢封
至爲之　釋曰冢封土爲丘壠者案其職云以爵等
爲丘封之度注云王公曰丘諸臣曰封此臣云丘不

言封亦有封可知案礼記云適墓不登壠是聚土亦爲壠故兼云壠也又礼記云古者墓而不墳又有墳稱秦漢已下天子之丘亦謂之陵也云象冢而爲之者案爾雅山頂冢故云象冢而爲之也若然云丘陵亦是象丘陵爲之也墓大夫　釋曰案其職云掌凡邦墓之地域令国民族葬是掌天下万民之墓地也不云冢云墓者礼記云庶人不封不樹故不言冢而云墓今即葬地故鄭云墓冢塋之地孝子所思慕之處也在此者死葬之以礼亦是礼事故列職於此也

職喪　釋曰以其主公卿大夫之喪亦是礼事故

列職於此也　大司樂　釋曰大司樂掌教國子六樂六舞等在此者以其宗伯至礼々樂相將是故列職於此但樂師教國子小舞與大司樂職別而同府史亦謂別職同官者也　注大司至之長　釋曰以其與樂師已下至鞮鞻氏已上為長者大胥小胥釋曰在此者案其職云掌學士之版以待致諸子與大司樂教樂同類是亦礼事故列職在此但小胥掌樂縣之法亦與大胥別職而同官者也　大師　釋曰案其職云掌六律六同之等亦是樂事故在此々下直云瞽矇三百人無府史胥徒者以其無目不須

人使是以有眡瞭三百人而已　注凡樂至之瞍
釋曰云凡樂之歌必使瞽矇為焉者此鄭欲解作樂
使瞽矇之意以其無目無所覩見無所覩見則心不
移於音聲故不使有目者為之也云命其賢知者以
為大師小師者此乃師曠之徒亦無目者故引為證
也就瞽之中命大賢知為大師其次賢知小者為小
師也其餘為瞽矇也云眡讀為虎眡之眡者易頤卦
六四云虎眡眈眈其欲逐逐是也眡瞭目明者以
其扶工故使有目者為之也先鄭云無目眹謂之瞽
已下案詩有矇瞍案尚書有瞽瞍於此文有瞽矇據

此三文皆文不具司農參取三處而爲三等解之謂無目眹謂無目之眹眹謂之瞽有目眹而無見謂之矇謂矇々然有眹眹而無見也云有目無眸子謂之瞍者謂目精黒白分明而無眸子人者謂之瞍案其職大師少師及瞽矇眡瞭四者皆别職又無府史而并言之者以其大師少師爲長故連類言之典同釋曰在此者案其職云掌六律六同以爲樂器亦是樂事故列職於此　注同陰至軍聲　釋曰同陰律也者對律而爲陽律也云不以陽律名官者謂其官不名典律而云典同也云因其先言耳者謂諸文皆

先云同後云律若陰陽亦先云陰之類故以同名官也引書曰者堯典之篇彼據舜之巡守於方岳之下命史官協時月者協合也謂合四時節氣之早晚及月之大小定分云正日同律度量衡者謂正定日之甲乙陰同陽律之長短及正度之大尺量之斗斛衡之斤兩六者皆正定之使依法又引大師職曰執同律以聽軍聲者所引之文皆證同在律上之義若然無取於時月日及度量衡連文引之耳案孔注尚書律爲法制當齊同之則同不爲陰律與鄭義别也

磬師　釋曰在此者案其職云掌教擊磬擊編鍾并

并教縵樂亦是樂事故列職於此也　鍾師　釋曰在此者案其職云掌金奏而奏九夏以其樂事故列職於此也　笙師　釋曰在此者案其職云掌教吹竽笙塤籥已下亦是樂事故列職在此　鎛師　釋曰在此者案其職云掌金奏之鼓亦是樂事故亦列職在此　注鎛如鍾而大　釋曰如鍾而大者以其形如鍾而大獨在一簴　韎師　釋曰在此者案其職云掌教韎樂亦是樂事故列職於此也案鞮鞻氏掌四夷之樂今此特掌韎樂是周以木德王又見樂爲陽春是陽長養之方故特建此一官也　注鄭司農

之韎　釋曰引明堂位者證韎是東夷之樂云讀如味食飲之味杜子春讀韎爲菋荎著之菋者讀從爾雅也此後鄭皆不從之後鄭云讀爲韎韐之韎者欲取韎爲赤色是以禮記檀弓云周人大事斂用日出鄭云日出時亦赤則東夷之樂名韎者取色赤東方之意　旄人　釋曰在此者案其職云掌教舞散樂舞夷樂亦是樂事故列職於此也此經云舞者衆寡無數其職云凡四方之以舞仕者屬焉以其能爲四夷之舞者即爲之故無數也　注旄旄至指麾　釋曰案山海經有獸如牛四節有毛是也其牛尾可旄

旗之旄也云舞者所持以指麾者案樂師掌小舞有旄舞是舞者所持以指麾則此旄人舞夷樂而云旄人是亦舞者所持以指麾者若然下鞮鞻氏云掌四夷之樂兩官共掌者但鞮鞻氏掌而不教此旄人教而不掌故二官共其事也　籥師　釋曰在此者案其職云掌教國子舞羽吹籥則此籥師所掌以教國子文樂在手執籥右手秉翟故名官為籥師也　注籥舞至秉翟　釋曰案公羊宣八年傳云辛巳有事于大廟仲遂卒於垂壬午猶繹万入去籥傳曰去其有聲者廢其無聲者張逸問籥師注春

秋傳曰去其有聲者廢其無聲者何謂鄭荅廢置也
於去者爲廢故曰廢若然辛巳日有事於大廟仲遂
卒卿佐卒輕於正祭則重於繹祭則不停正祭合停
繹祭至於明日壬午仍爲繹祭故孔子爲譏加猶以
尤之但宣公乃有慙心於作樂之時去其聲者用其
無聲者也詩云左手執籥右手秉翟引傳與詩者證
籥師敎國子舞羽吹籥之事也　籥章　釋曰在此
者案其職云掌土鼓豳籥亦是　樂事故列職於
此　注籥章至詩章　釋曰案其職有豳詩豳
雅豳頌是吹籥以爲詩章故官名籥章也　鞮鞻氏

釋曰在此者案其職云掌四夷之樂與其聲歌亦是樂事故列職在此也　注鞮讀至有屝　釋曰此鄭讀從屝屨人之屨也案鄭注曲礼云鞮屨無絇之菲也此鞮鞻亦是無絇之屝彼為大夫欲去国行喪礼之屨此為四夷舞者所屝其屨無絇一也　云今時倡蹋鼓沓行者自有屝者謂漢時倡優作樂蹋地之人身擊鼓沓々作聲者行自有屝屨列之者證四夷舞者亦自有屝與中国不同也　典庸器　釋曰在此者案其職掌藏樂器庸器亦是樂事故列職於此　注庸功至功焉　釋曰先鄭所列春秋者左氏襄十

九年季武子與晉師伐齊以所得齊之兵作林鍾而銘魯功焉臧武仲謂季孫曰非礼也夫銘天子令德諸侯言時計功大夫稱伐今稱伐則下等也計功則借人也言時則妨民多矣何以爲銘引之者見其庸器之義　司干　釋曰在此者案其職云掌舞器祭祀授舞器亦是樂事故列職於此也　注干舞至舞也　釋曰云干舞者所持者謂若樂師所云干舞則少舞也其夏官司兵云掌五兵祭祀授舞者兵則五兵俱掌但無干可然彼注云謂朱干玉戚者鄭連言朱干耳　大卜　釋曰此大卜有卜師及卜人皆士官

而卜人無別職者以其助大卜卜師行事故也其卜
師則與大卜別職亦是別職同官在此者案其職曰
掌三兆三易之等但蓍龜卦兆有生數成數之鬼神
是鬼神之事故列職於此也　注問龜至之長　釋
曰卜赴也赴來者之心故曰卜對筮問也謂有疑求
問於蓍二者互見爲義卜言赴來問之心亦先問赴
筮言問者後亦赴來者之心也云卜筮官之長者謂
與下龜人華氏占人筮人等爲之長也　龜人　釋
曰在此者與卜人連類在此　注工取龜攻龜　釋
曰案其職云取龜用秋時甲戌之時也攻龜用春時

風氣烽達之時故也　華氏　釋曰在此者鑽龜用
燋焌故與大卜連類在此注燋焌至之類　釋曰案
其職云掌共燋契卽士喪礼云楚焞是也楚卽荆故
云用荆云華之類者華所以棰笞人馬用荆竹為之
此亦用荆故云華之類也　占人　釋曰在此者案
其職云掌占龜筮亦卜筮之類故列職於此也　簭
人　釋曰在此者案其職云掌九簭々々有生成數之
鬼神故亦列職在此　注問蓍至占易　釋曰云問
蓍曰筮者鄭意以筮為問故易蒙卦云初筮告再三
瀆々則不告是筮為問也云其占易卽易之九六爻

辭是也　占夢　釋曰在此者案其職云以日月星辰占六夢之吉凶夢是精神所感并日月星辰等是鬼神之事故列職於此　眡祲　釋曰在此者案其職云掌十煇之法以觀妖祥辨吉凶亦是陰陽鬼神之事故列職於此　大祝　釋曰大祝與小祝別職而同官故共府史胥徒在此者案其職云掌六祝之辭以事鬼神示亦是事鬼神之法故列職於此也

注大祝々官之長　釋曰以其與下小祝喪祝甸祝詛祝等為長也　喪祝　釋曰在此者案其職云掌大喪勸防之事及辟令啓亦是祀事及事鬼神之法

故列職於此也　甸祝　釋曰在此者案其職云掌四時之田表貉之祝號事鬼神之事故列職於此

詛祝　釋曰在此者案其職云掌盟詛類造攻說禬禜之祝號亦事鬼神故列職於此　注云詛謂祝之使沮敗也者凡言盟者盟將來詛者詛往過故云祝之使沮敗也

司巫　釋曰在此者案其職云若國大旱則帥巫而舞雩亦是事鬼神之事故列職於此　注司巫巫官之長　釋曰案其職云掌羣巫之政令與下男巫女巫神士等爲師故云巫官之長

男巫至四十人　注巫能至主者　釋曰巫與神通亦是

鬼神之事故列職於此案神士職云凡以神仕者掌
三辰之法以猶鬼神示之居注引孝經緯及國語並
是制神之處位及次第主之事神仕還是男巫為之
故引彼以解此　大史　釋曰在此者案其職云讀
禮書祭之日執書以次位常是禮事及鬼神之事也
故列職於此也小史與大史別職而同官故共府史
也　注大史々官之長　釋曰謂與下內史外史御
史等為長若然內史中大夫大史下大夫史得與內
史為長者以大史知天道雖下大夫得與內史中大
夫為長是以稱大也　馮相氏　釋曰在此者以其

與大史同主天文故其職云掌歲月日辰之位故與大史連類在此　注馮乘至不貸　釋曰云世登高臺以視天文之次序者以其官有世功則以官名氏故云也其天子有靈臺諸侯有觀臺皆所以視天文故云登高臺也云之次序者馮相氏掌天文不變保章氏掌天文之變變則不依次序不變則如常有次序故以次序言之也云天文屬大史者案周語單子謂魯成公曰吾非瞽史焉知天道是大史知天道之事引月令曰乃命大史者證大史掌天文之事云宿離不貸者鄭彼注云離耦也謂其屬馮相氏保章氏

掌天文者也謂其相與宿耦當審候伺不有差忒

保章氏　釋曰在此者案其職云掌天星以志星辰

月之變動以觀天下之遷故與馮相氏連類在此

也　注保守至之變　釋曰以其稱氏也故稱世

守天文之變也　内史　釋曰在此者案其職云掌

八枋執国法及国令之貳策命群臣皆礼事故列職

於此也　外史　釋曰在此者案其職云掌書外令

及三皇五帝之書亦礼書之類故列職於此　御史

釋曰在此者案其職云掌賛書凡數從政者皆亦

礼事故列職於此也　注御猶至多也　釋曰其職

云凡治者受法令焉并掌贊書故其史特多倍在府
上也　巾車　釋曰在此者案其職云掌公車之政
令辨其用與其旗物皆是礼事故列職於此也　注
巾猶至之長　釋曰巾猶衣也　者謂玉金象革等以
衣飾其車故訓巾猶衣也云巾車車官之長者謂與
下典路車僕等爲長也　典路　釋曰在此者案其
職云掌王及后之五路亦是礼事故列職於此也
注路王之所乘車　釋曰路大也若人君所居皆稱
路故有路寢路門路馬之等皆稱路也　車僕　釋
曰在此者案其職五戎之倅各有差等亦是礼事故

亦列職於此也　司常　釋曰在此者案其職云掌
九旗之物名亦各有差等亦是礼事故亦列職於此
也　注司常主王旌旗　釋曰九旗之别自王已下
尊卑所建不同不専主於王鄭云司常主王旌旗者
以王爲主何妨尊卑皆掌　都宗人　釋曰在此
者案其職云掌都祭祀之礼凡都祭祀致福于国皆
是事鬼神及礼事故列職於此　注都謂至食邑
釋曰案載師云家邑任稍地小都任縣地大都任畺
地則大采地不得稱都故據大都小都而言之下文
家據大夫而説也此既掌祭祀不云伯而云宗人者

避大官名夏官都家稱司馬得與大官同名者以其軍事是重故與大官同名也秋官都家以稱士者以其主都家方民之獄訟以告方士故謂之士今者察也取其察審之義也　家宗人　釋曰在此者案其職云掌家祭祀之禮凡祭祀致福亦是共鬼神之事故亦列職於此　凡以至之等　釋曰此神士還是上羣巫中有學問者抽入神士以其能處置神位故以神為名無數者有即入之故無常數在都家之下者欲見都家神亦處置之在此者案其職云掌三辰之法當處置神之位次故列職於此　大宗伯至邦

囯

釋曰大宗伯之職者以上列其官此列其職也

云掌建邦之天神人鬼地示之礼者單言邦據王為言也云以佐王建保邦国者邦国連言據諸侯為説也

注建立至人事　釋曰云立天神地祇人鬼之礼者謂祀之祭之享之者經先云人鬼後云地祇鄭則先云地祇後云人鬼者經先云人鬼欲見天在上地在下人藏其間鄭後云人鬼者據下經陳吉礼十二先地祇後人鬼據尊卑為次故也云礼吉礼是也者案下云以吉礼事邦国之鬼神示則此亦吉礼故云礼吉礼是也云保安也所以佐王立安邦国

者主謂凶礼賓礼軍礼嘉礼也若鄭知建保邦国中
有凶礼已下者案下文其次有五礼具此經直云天
人鬼地示吉礼而已又邦國之上空云建保故知建
保中有四礼也是以鄭即云自吉礼於上承以立安
邦国者互相成也互相成者王国云吉礼亦有凶礼
已下邦国云四礼明亦有吉礼亦有凶礼已下邦国
云四礼明亦有吉礼矣以其神非人不事人非神不
福故又云明尊鬼神重人事也尊鬼神者據王国特
云吉礼重事人者據諸侯特言凶礼已下各舉一邊
欲見五禮皆重故也　以吉至神示　釋曰此已下

敘五礼先以吉礼為上　云事邦国之鬼神示者據諸侯邦国而言者也以其天子宗伯若還據天子則不見邦国若以天子宗伯而見邦国則有天子可知故舉邦国以包王国　注事謂至有二　釋曰云事謂祀之祭之享之者還據已下所陳先後為次若然經先云鬼與上下體例不同者欲見逆時則祭事起無常故先云人鬼也云吉礼之别十有二者從此下經以禋祀血祭二經天地各有三享人鬼有六故十二也　以禋至雨師　釋曰此祀天神之三礼以尊卑先後為次謂歆神始也　注禋之至禋者　釋曰案

尚書洛誥予以秬鬯二卣明禋注云禋芬芳之祭又案國語云精意以享謂之禋義並與煙得相叶也但宗廟用煙則郊特牲云臭陽達于牆屋是也天神用煙則此文是也鄭於禋祀之下正取義於煙故言禋之言煙也云周人尚臭煙氣之臭聞者此禮記郊特牲之文也彼云殷人尚聲周人尚臭尚臭者取煙氣之臭聞於天引之者證煙義也云槱積也詩云芃々棫樸薪之槱之者此大雅棫樸之篇引之證槱得為積也云三祀皆積柴實牲體焉或有玉帛燔燎而升煙者此司中司命等言槱燎則亦用煙也於日月言

實牲至昊天上帝言煙祀則三祀互相備矣但先積
柴次實牲後取煙事列於卑祀義全於昊天作文之
意也但云或有玉帛則有不用玉帛者肆師職云立
大祀用玉帛牲牷立次祀用牲幣立小祀用牲彼雖
惣據天地宗廟諸神今以天神言之則二大小次祀
皆有也以肆師言之煙祀中有玉帛牲牷三事實柴
中則無玉唯有牲幣槱燎中但止有牲故鄭云實牲
體焉據三祀有其玉帛惟昊天昊之實柴則有帛無
玉是玉帛於三祀之内或有或無故鄭云或有云燔
燔燎而升煙所以報陽也者案郊特牲云升首於室

以報陽彼論宗廟之祭以首報陽今天神是陽煙氣上聞亦是以陽報陽故取特牲爲義也鄭司農云昊天一也者案孝經云郊祀后稷以配天典瑞亦云四圭有邸以祀天故云昊天一也云上帝玄天也者案廣雅云乾玄天易文言云夫玄黃者天地之雜也天玄而地黃以天色玄故謂玄名天先鄭蓋依此而讀之則二者異名而同實也若然則先鄭與王肅之等同一天而已似無六天之義故以天解昊天上帝爲一也云昊天上帝樂以雲門者先鄭既無六天大司分樂而序之及六變俱有雲門不知定取何者以祀

天云實柴實牛柴上也者案肆師職此三者皆實牲
先鄭直據實柴爲實牛者偏據一邊而言耳其實皆
牛也云故書實柴或爲賓柴者賓柴無義後鄭雖不
破當還從實柴也先鄭云司中三能三階也者案武
陵太守星傳云三台一名天柱上台司命爲太尉中
台司中爲司徒下台司祿爲司空云司命文昌宮星
者亦據星傳云文昌宮第四曰司命第五曰司中二
文俱有司中司命故兩載之云風師箕也者春秋緯
云月離於箕風揚沙故知風師箕也云雨師畢也者
詩云月離於畢俾滂沱矣是雨師畢也若左氏傳云

天有六氣降生五味五味五行之味也是陰陽風雨晦明六氣下生金木水火土之五行鄭義大陽不變陰為金雨為木風為土明為火晦為水若從妻所好言之則洪範云星有好風星有好雨鄭注云箕星好風畢星好雨是土十為木八妻木八為金九妻故東方箕星好風西方畢星好雨以此推之則北宮好奧南宮好暘中央四季好寒也皆是所剋為妻是從妻所好之義也云謂昊天上帝冬至於圜丘所祀天皇大帝者案大司樂下文凡樂圜鍾為宮云云冬日至於地上之圜丘奏之若樂六變則天神皆降是也引

之从破先鄭昊天上帝與五天爲一之義云星謂五緯者五緯即五星東方歲星南方熒惑西方大白北方辰星中央鎮星言緯者二十八宿隨天左轉爲經五星右旋爲緯案元命包云文王之時五星以聚房也星備云五星初起牽牛此云星明是五緯又案星備云歲星一日行十二分度之一十二歲而周天熒惑日行三十三分度之一三十三歲而周天鎮星日行二十八分度之一二十八歲而周天大白日行八分度之一八歲而周天辰星日行一度一歲而周天是五緯所行度數之事且諸文皆星辰合解之故尚書

堯典云歷象日月星辰洪範五紀亦云星辰鄭皆星辰合釋者餘文於義不得分為二故合釋此文皆上下不見祭五星之文故分星為五緯與辰别解若然辰雖據日月會時而言辰即二十八星也案昭七年左氏傳晉侯問伯瑕曰何謂六物對曰歲時日月星辰是謂也公曰多語寡人辰而莫同何謂辰對曰日月之會是謂辰故以配日是其事但二十八星面有七不當日月之會直謂之星若日月所會則謂之宿謂之辰謂之次亦謂之房故尚書胤征云辰弗集于房孔注云房日月所會是也云司中司命文昌第五

第四星者此破先鄭也何則先鄭以爲司中是三台司命是文昌星今案三台與文昌皆有司中司命何得分之故後鄭云文昌第五第四星必先言第五後云第四者案文昌第四云司命第五云司中此經先云司中後云司命後鄭欲先說司中故先引第五證司中後引第四證司命故文到也案武陵大守星傳云文昌宮六星第一曰上將第二曰次將第三曰貴相第四曰司命第五曰司中第六曰司祿是其本次也云或曰中能者亦據武陵大守星傳而言云三台一名天柱上台司命爲大尉中台司中爲司徒下台

司祿爲司空引此破先鄭也云祀五帝亦用實柴之
礼云者案礼記祭義云大報天而主日配以月祭天
以日爲主故知五帝與日月同用實柴也若然五帝
與昊天其服同大裘其牲同繭栗於燔柴則與日月
等者礼有損之而益亦如社稷服絺冕及其血祭即
在五嶽之上亦其類也案春秋緯運斗樞云大微宮
有五帝坐星即春秋緯文耀鉤云春起青受制其名
靈威仰夏起赤受制其名赤熛怒秋起白受制其名
白招拒冬起黑受制其名汁光紀季夏六月火受制
其名含樞紐元命包云大微爲天庭五帝以合時此

等是五帝之號也又案元命包云紫微宮爲大帝又
云天生大列爲中宮大極星其一明者大一常居傍
兩星巨辰子位故爲　辰以起節度亦爲紫微宮紫
之言中此宮之中天神圖法陰陽開閉在此中又
文耀鉤云中宮大帝其北極星下一明者爲大一之
先合元氣以斗布常是天皇大帝之號也又案爾雅
云北極謂之北辰鄭注云天皇北辰耀魄寶又云昊天
天上帝又名大一常居以其尊大故有數名也其紫
微宮中皇天上帝亦名昊天上帝得連上帝而言至
於單名皇天單名上帝亦得故尚書君奭云公曰君

奭我聞在昔成湯既受命時則有若伊尹格于皇天
鄭注云皇天北極大帝又掌次云張氈案設皇邸以
旅上帝上帝即大帝堯典云欽若昊天皆是大帝單
名之事月令更無祭五帝之文故季夏云以供皇天
上帝鄭分之皇天北辰耀魄寶上帝大微五帝亦是
大帝單號之事若然大帝得單稱與五帝同五帝不
得兼稱皇天昊天也異義天號等六今尚書歐陽說
曰欽若昊天夏曰蒼天秋曰旻天冬曰上天摠爲皇
天爾雅亦然故尚書說云天有五號各用所宜稱之
尊而君之則曰皇天元氣廣大則稱昊天仁覆愍下

則稱昊天自上監下則稱上天據遠視之蒼蒼然則稱蒼天謹案尚書堯命羲和欽若昊天揔勑四時知昊天不獨春春秋左氏曰夏四月己丑孔子卒稱昊天不弔時非秋天玄之闕也爾雅者孔子門人作以釋六藝之文言蓋不誤矣春氣博施故以廣大言之夏氣高明故以遠言之秋氣或殺或生故以旻天言之冬氣閉藏而清察以監下言之昊天者其尊大號六藝之中諸稱天者以己情所求言之非必正順於時解浩浩昊天求之博施蒼天求之高明旻天不弔則求天殺生當得其宜上天同雲求之所為當順於

時此之求猶人之說事各從主耳若察于時所論從四時天各云所別故尚書所云者論其義也二者相須乃足此名非必紫微宮之正直是人逐四時五稱之鄭云皇天者其尊大之號不逐四時爲名似本正稱此經星辰與司中司命風師雨師鄭君以爲六宗案尚書堯典禋于六宗但六宗之義有其數無其名故先儒各以意說鄭君則以此星也辰也司中也司命也風師也雨師也六者爲六宗案異義今歐陽夏侯說六宗者上不及天下不及地傍不及四時居中央恍惚無有神助陰陽變化有益於人故郊祭之古

尚書説六宗天地神之尊者謂天宗三地宗三天宗日月星辰地宗岱山河海日月屬陰陽宗北辰為星宗岱為山宗河為水宗海為澤宗祀天則天文從祀地則地理從祀　案夏侯歐陽説云宗實　而有六名實不相應春　魯郊祭三望言郊天日月星河海山凡六宗魯下天子不祭日月星但祭其分野星其中山川故言三望六宗與古尚書説同玄之聞也書曰肆類于上帝禋于六宗望于山川徧于羣神此四物之類也禋也望也徧也所祭之神各異六宗言禋山川言望則六宗無山川明矣周礼大宗伯曰以

禋祀〻昊天上帝以實柴祀日月星辰以槱燎祀司中司命風師雨師凡此所祭皆天神也礼記郊特牲曰郊之祭也迎長日之至也大報天而主日也兆於南郊就陽位也埽地而祭於其質也祭義曰郊之祭大報天而主日配以月則郊祭并祭日月可知其餘星也辰也司中司命風師雨師此之謂六宗亦自明矣礼論王莽時劉歆孔昭以爲易震巽等六子之卦爲六宗漢武即位依虞書禋于六宗礼用大社至魏明帝時詔令王肅議六宗取家語宰我問六宗孔子曰所宗者六埋少牢於大昭祭時相近于坎壇祭寒

暑王宮祭日夜明祭月幽禜祭星雩禜祭水旱孔安國注尚書與此同張融許從鄭君於義爲允案月令孟冬云祈來年於天宗鄭云天宗日月星辰若然星辰入天宗又入六宗其日月入天宗即不入六宗之數也以其祭天主日配以月日月既尊如是故不得入宗也

周禮疏卷第十八

周禮疏卷第十九

唐朝散大夫行大學博士弘文館學士臣賈公彥等撰

以血至百物　釋曰此一經言祭地亦三等之禮尊卑之次亦是歆神始也云以血祭祭社稷五祀五嶽者此皆地之次祀先薦血以歆神已下二祀不復用血也　注不言至盡也　釋曰云不言祭地此皆地祇祭地可知也者此經對上經祭天天則大次小三者具此經雖見三祀唯有次小祀而已以其方澤與昊天相對此經方澤不見者此血祭下仍有貍沈與沈與疈辜二祀三祀具得與上天神三者相對故疈

大地也且社稷亦土神故舉社以表地示鼓人職亦
云靈鼓〻社祭亦舉社以表地此其類也若大地方
澤當用瘞埋與昊天煙相對故鄭云不言祭地此皆
地祇祭地可知也云隂祀自血起者對天為陽祀自
煙起貴氣臭同也云社稷土穀之神者案孝經緯援
神契云社者五土之揔神稷者原隰之神五穀稷為
長五穀不可徧敬故立稷以表名郊特牲亦云社者
神地之道社者土之神稷者穀之神故云土穀之神
也云有德者配食焉云〻至而祀棄案左氏昭公二
十九年傳云共工氏有子曰句龍為后土后土為社

則是死乃配社食之云有厲山氏之子曰柱食於稷湯遷之而祀棄者案左傳云有列山氏之子曰柱為稷案祭法云厉山氏之有天下也其子曰農能殖百穀夏之衰也周棄繼之故祀以為稷若然稷祀棄實在湯時云夏之衰者遷柱由旱欲見旱從夏起故據夏而言也是以書序云湯既勝夏欲遷其社不可作夏社注云犧牲既成粢盛既絜祭以其時而旱暵水溢則變置社稷當湯伐桀之時旱致災明法以薦而猶旱至七年故湯遷柱而以周棄代之欲遷句龍以無可繼之者於是故止其旱在夏之時驗也先鄭云

五祀五色之帝於王者宮中曰五祀者先鄭意此五祀即掌次云祀五帝一也故云五色之帝後鄭不從者案司服云祀昊天與五帝皆用大裘當在圜丘與四郊上今退在社稷之下於王者宮中失之遠矣且五帝天神當在上經陽祀之中退在陰祀之內一何陋也云罷辜披磔牲以祭者此先鄭從古書罷於義未可故後鄭不從罷從經疈為正其云披磔牲以祭仍從之矣云若今時磔狗祭以止風者此舉漢法以況疈辜為磔之義必磔狗止風者狗屬西方金金制東方木之風故用狗止風也玄謂此五祀者五官之

神在四郊者生時為五官死乃為神配五帝在四郊
知在四郊者鄭即引月令四時四立之日迎氣在四
郊并季夏迎土氣是五迎氣故鄭云四時迎五行之
氣於四郊也云而祭五德之帝亦食此神焉者但迎
氣迎五方天帝雖不言祭人帝案月令四時皆陳五
德之帝大昊炎帝黄帝少昊顓頊等五德之帝并五
人神於上明知五人神為十二月聽朔及四時迎氣
而陳故鄭此注及下青圭赤璋之下注皆云迎氣時
并祭五人帝五人神也云少昊氏之子曰重已下案
昭二十九年魏獻子問蔡墨曰社稷五祀誰氏之五

官對曰少皡氏有四叔曰重曰該曰脩曰熙實能金木及水使重爲句芒該爲蓐收脩及熙爲玄冥世不失職遂濟窮桑此其三祀也顓頊氏有子曰黎爲祝融共工氏有子曰句龍爲后土此其二祀也后土爲社稷爲田正有烈山氏之子曰柱爲稷趙商問春秋昭二十九年左傳曰顓頊氏之子黎爲祝融共工氏有子曰句龍爲后土其二祀五官之神及四郊合爲黎食后土祭法曰共工氏霸九州也其子曰后土能平九州故祀以爲社社即句龍答曰黎爲祝融句龍爲后土左氏下言后土爲社謂暫作后土無有代者

故先師之說犂兼之因火土俱位南方此法云犂為祝融后土食于火土亦惟見先師之說也云五嶽東曰岱宗南曰衡山西曰華山北曰恒山中曰嵩高山者此五嶽所在據東都地中為說案大司樂云四鎮五嶽崩注云華在豫州嶽在雍州彼據鎬京為說彼必據鎬京者彼據災異若據洛邑則華與嵩高並在豫州其雍州不見有災異之事故注有異也案爾雅江河淮濟為四瀆為定五岳不定者周國在雍州時無西嶽故權立吳嶽為西嶽非常法爾雅不載以東都為定故爾雅載之也若然此南嶽衡案爾雅霍山

爲南嶽者霍山卽衡山也故地理志楊州霍山爲南嶽者山今在廬江彼霍山與冀州霍山在嵩華者別云不見四竇者四竇五嶽之四或有文者五嶽四瀆相對若天地故設經者文惟見五嶽也若然下云貍沈祭山林川澤五嶽歆神雖與社稷同用血五嶽四瀆山川之類亦當貍沈也爾雅云祭山曰庪縣者或異代法耳若然庪縣既非周法而校人云凡將事于四海山川則飾黃駒注云王巡守過大山川則有殺駒以祈沈禮與玉人云天子以巡守宗祝以前馬注云其祈沈以馬宗祝亦執勻以先之彼亦言祈沈者

祈沈雖非周法引以況義無嫌也云祭山林曰埋川
澤曰沈順其性之含藏者經埋沈祭山林川澤揔言
不析別而説故鄭分之以其山林無水故埋之川澤
有水故沈之是其順性之含藏也云疈〻牲胷也者
無正文蓋據當時疈磔牲體者皆從胷臆解析之故
以胷言之云謂磔禳及蜡祭者案禮記月令云九門
磔禳又十二月大儺時亦磔禳是磔牲禳去惡氣之
礼也云及蜡祭者案彼云蜡也者索也歳十二月合
聚万物而索享之謂天子於周之十二月建亥之月
於郊而為蜡法此所引郊特牲曰八蜡已下彼據謂

侯行蜡法彼云八蜡以記四方不作祀作祀者誤之
八蜡以記四方者謂八蜡之礼以記四方諸侯知順
成不順成若年不順成則八蜡不通以謹民財也若
四方諸侯年穀有不順四時成熟者其八蜡不得與
四方成熟之處通祭八蜡也云以謹民財者八蜡既
不通明民不得行黨正飲酒奢侈之事故云以謹民
謹民謂謹節民之用財之法也又曰蜡之祭也主先
嗇而祭司嗇者彼注云先嗇若神農者司嗇后稷是
也云祭百種以報嗇也者謂合聚万物而索享之以
報收嗇之功故云祭百種以報嗇也云享農及郵表

畷者彼注云農謂田畯典田大夫郵表畷々止也謂田畯督約百姓於井間之處也是郵行往来三表畷止於其下是止息之處有神亦祭之云禽獸仁之至義之盡也者八蜡者案彼祭有先嗇一也司嗇二也農三也郵表畷四也猫虎五也坊六也水庸七也昆蟲八也蜡之中有猫虎是禽獸也云仁之至者據饗先嗇司嗇及農是仁恩之至義之盡者據饗猫虎坊與水庸郵表畷之等是義之盡引之者證祭亦磔牲之事也　以肆至先王　釋曰此一經陳享宗廟之六礼也此經若細而言之即有六礼揔而言之則[illegible]

有三等之差肆獻祼是祫之大祭以饋食是禘之次
祭以春享以下是時祭之小祭若以揔用衮冕大牢
言之此亦皆為大祭也故酒正注云大祭者王服大
裘衮冕所祭是也此六者皆言享者對天言祀地言
祭故宗廟言享〻獻也謂獻饌具於鬼神也　注宗
至一禘　釋曰云宗廟之祭有此六享者此則吉礼
十二之中處其六也云肆獻祼饋食在四時之上則
是祫也禘也者但周法有三年一祫則文二年大事
于大廟公羊傳云大事者何大祫也大祫者何合祭
也毀廟之主陳于大祖未毀廟之主皆升合食于大

祖列昭穆序父子是祫之義也若殷則祫於三時周
則秋祫而已又有五年一禘々則各於其廟爾雅云
禘大祭者禘是揔名祭法祭天圜丘亦曰禘大傳云
王者禘其祖之所自出謂夏正郊天亦曰禘夏殷四
時之祭夏祭亦曰禘但於周宗廟之祭則有五年禘
禘雖小於祫大於四時亦是大祭之名也云肆者進
所解牲體謂薦孰當朝踐後爓祭時故禮運云腥其
俎孰其殽鄭云孰其殽謂體解而爓之是其饋獻々
以盎齊之節故云薦孰時但體解之時必肆解以為
二十一體故云肆也云獻々醴謂薦血腥也者此是

朝踐節盡二灌後王出迎牲祝延尸出戶坐於堂上
南面迎牲入豚解而腥之薦於神坐以玉爵酌醴齊
以獻尸后亦以玉爵酌醴齊以獻尸故云謂薦腥也
云祼之言灌者經云祼者是古之祼字取神示之義
故從示鄭轉從灌者以鬱鬯灌地降神取澆灌之義
故從水言灌以鬱鬯謂始獻尸求神時也者凡宗廟
之祭迎尸入戶坐於主北先灌謂王以圭瓚酌鬱鬯
以獻尸尸得之瀝地祭訖啐之奠之不飲尸爲神象
灌地所以求神故云始獻尸求神時也言始獻對後
朝踐饋獻酳尸等爲終故此稱始也郊特牲曰魂氣

歸于天形魄於地故祭所以求諸陰陽之義也者人之歔吸出入之氣爲魂耳目聰明爲魄人死魂氣歸於天爲陽形魄歸於地爲陰祭時作樂爲陽是求諸陽灌地爲陰是求諸陰故云求諸陰陽之義也云殷人先求諸陽周人先求諸陰者此二代自相對殷人先求諸陽謂未灌先合樂周人先求諸陰謂未合樂先灌故云求諸陰灌是也引之者欲見周人祭先灌之意云祭必先灌乃後薦腥薦孰於祫逆言之者與下共文明六享俱然者如向所説具先灌訖王始迎牲次腥其俎腥其俎訖乃爓々祭訖始迎尸入室乃

有黍稷是其順也今此經先言肆々是饋獻節次言獻是朝踐節後言灌々是最在先之事是於祫逆言之也言與下共文明六享俱然者既從下向上爲文即是於下五享與上祫祭皆有灌獻肆三事矣故云六享俱然云祫言肆獻灌禘言饋食者著有黍稷互相備也者祫言肆獻灌明禘亦有之禘言饋食々是黍稷則祫亦有黍稷矣著明也明有黍稷互相備矣云魯禮三年喪畢而祫於大祖者此以周衰禮廢無文可明春秋左氏傳云周禮盡在魯即以春秋爲魯禮今言魯禮者指春秋而言也春秋三年喪畢而祫於

大祖謂若文公二年秋八月大事於大廟也僖公以
僖三十三年薨至文二年秋八月於禮雖少四月猶
是三年喪畢而爲祫祭也是魯禮三年喪畢而祫於
大祖大祖謂周公廟周公廟中而爲祫祭也云明年
春禘於羣廟者此明年春禘雖無正文約僖公宣公
得知矣案僖公八年及宣公八年皆有禘文則知僖
公宣公三年春有禘可知何者以文公二年祫則知
僖公宣公二年亦有祫僖公宣公二年既爲祫則明
年是三年春禘四年五年六年秋祫是三年祫更加
七年八年添前爲五年禘故僖公宣公八年皆有禘

是明年春禘明矣故云明年春禘於羣廟也云自爾以後五年而再殷祭者公羊傳文殷大也除明年春從四年已後四年五年六年七年八年〻〻之中四年五年六年為三年祫七年八年係前為五年禘是五年再殷祭也云一祫一禘者是禮讖文謂五年之中為一禘一祫也鄭言此者欲見肆獻祼及饋食三者為祫禘從三年喪畢後為始之意也從禋祀已下至此吉禮十二皆歆神始何者案大司樂分樂而序之云乃奏黃鍾歌大呂舞雲門以祀天神已下下復云圜為宮若樂六變天神皆降若樂八變地示皆出

若樂九變人鬼可得而礼鄭云天神則主北辰地祇則主崐崘人鬼則主后稷先奏是樂以致其神礼之以玉而裸焉彼先奏是樂以致其神則天神地示人鬼皆以樂為下神始也彼鄭云礼之以玉據天地而裸焉據宗廟則此上下天神言煙地示言血此宗廟六享言裸是其天地宗廟皆樂為下神始煙血與裸為歆神始也又案礼器與郊特牲皆言郊血大享腥三獻爓一獻孰者皆是薦饌始也以其郊是祭天而言用血大享是祫祭先王而言用腥三獻是社稷而言用爓一獻是祭羣小祀而言用孰與此是其先彼

是其後々為薦饌可知故郊言血大享言腥三獻言爓一獻言熟也以凶至之憂　釋曰此凶礼之目也邦国有亦如吉礼畢外以包内之義凡言哀者皆謂彼凶災從後以物哀之也　注哀謂至有五　釋曰云哀謂救患分烖者此據左氏僖元年夏六月邢遷于夷儀諸侯城之救患也凡侯伯救患分災討罪礼也引之者證哀者從後往哀之義言救患分災討罪者救患即邢有不安之是諸侯城之是救患也分災謂若宋災諸侯會於澶淵謀歸宋財是分災也討罪謂諸侯無故相伐是罪人也霸者會諸侯共討之是討

罪也三者皆是相哀之法故并引之　以喪礼哀死
亡注哀謂至含襚　釋曰諸經云亡者多是逃亡此
經鄭不解亡則亡與喪為一以其逃亡無可哀故也
云哀謂親者服焉者據上文云哀邦国之憂則此亦
據諸侯邦国之内而言但天子諸侯絶傍期傍期已
下無服若始封之君不臣諸父昆弟亦有服今鄭云
親者服焉疏者含襚者鄭廣解哀義不專據天子諸
侯之身也案士喪礼親者不稱含注云大功已上有
同財之義無歸含法鄭云親者服焉據大功親以上
直有服無含法若小功以下有含并有服也若然此

據大夫已下而説天子諸侯雖無服其含襚則有之故春秋王使榮叔歸含且賵士喪礼君使人襚明天子諸侯於臣子皆有含襚也　以荒礼哀凶札

注荒人至疫病　釋曰云荒人物有害者經云荒以為目下云凶札則荒中有凶是物有害荒中兼有札是人有害案司服云大札大荒則素服注云札疫病荒飢饉者彼不以荒為目以荒替凶處故彼注荒為飢饉不為物有害也曲礼曰以下案彼注不祭肺則不殺也馳道不除為妨民取蔬食也皆自貶損若然君言不祭肺馬不食穀祭事不縣則大夫士亦然大

夫言不貪粱々如穀士飲酒不樂則人君日食黍稷稻粱亦縣於飲酒亦不樂君臣互見爲義也云札讀爲截々謂疫厉者鄭讀從截絕之義故也春秋有夭昏札瘥是厉鬼爲疫病之事故云謂疫厉也　從吊礼哀禍烖　注禍烖至之道　釋曰禍烖謂遭水火鄭知義然者以上下文驗之此禍烖當水火故引水火二事爲證也　案莊十一年秋宋大水魯人使吊之傳例雨三日已上爲淫廄焚孔子拜鄉人爲火來者事見礼記雜記云亦相吊之道者謂亦如魯莊公吊宋事也　以襘礼哀圍敗　注同盟至其類　釋曰此

經本不定若馬融以爲国敗正本多爲圍敗謂其国見圍入而国被禍敗喪失財物則同盟之国會合財貨歸之以更其所喪也必知禬是會合財貨非會諸侯之兵救之者若會合兵當在軍礼之中故知此禬是會合財貨以濟之也故大行人云致禬以補諸侯之災小行人亦云若国師役則令槁禬之是其有財貨相補之驗故引左氏澶淵之會爲證也案左氏傳爲宋災諸侯之大夫謀歸宋財是以冬十月叔孫豹會晉趙武齊公孫蠆宋向戌衛北宮佗鄭罕虎及小邾之大夫會于澶淵既而無歸于宋故不書其人君

子曰信其不可不慎澶淵之會卿不書不信也又云
書曰某人〻〻尤之也若然既而無歸宋財引者此
取未謀歸宋財一邉義無嫌也　以恤礼哀寇亂
注恤夏憂至為亂　釋曰云鄰国相憂者亦上云哀邦
国之憂據諸侯為説故鄭以鄰国解之云兵作於外
為寇作於内為亂者案文公六年晉惠伯云兵作於
内為亂於外為寇又成公十七年長魚矯曰臣聞乱
在外為姦在内為軌御姦以德御軌以刑據此文既
言寇亂當據惠伯之言為義也而云哀之者既不損
財物當遣使往諮問安不而已　以賓礼親邦国

注親者至有八　釋曰經既云親邦国故鄭還以使諸侯相親附解之即下文相朝聘之義是也賓礼之别有八者即下文八者皆以曰聞之者是也　春見至曰同　注此六至則徧　釋曰云此六禮者以諸侯見王爲文者案此經文皆云見是下於上謂見故云諸侯見王爲文也秋官大行人云春朝諸侯之等皆云朝覲諸侯是王下見諸侯爲文故彼注云王見諸侯爲文二者相對爲文不同以彼是天子見諸侯之義故圖天下之事以比邦国之功皆據天子爲主故以天子見諸侯爲文此則諸侯依四時朝天子故

以諸侯見天子為文云六服之內四方以時分來或朝春或宗夏或覲秋或遇冬者謂要服以內侯甸男采衛要之等云四時分來春東方六服當朝之歲盡來朝夏南方六服當宗之歲盡來宗秋西方六服當覲之歲盡來覲冬北方六服當遇之歲盡來遇是其或朝春或宗夏或覲秋或遇冬之事也云朝之言朝也欲其來之早宗尊也欲其尊王覲之言勤也欲其勤王之事遇偶也欲其若不期而俱至者此鄭解其名也四方諸侯來朝覲天子豈有別意乎明舉一邊互見為義耳云時見者言無常期者非謂時常為直

是事至之時故云時有言其無常期也言諸侯有不順服此解時之義也云王將有征討之事者諸侯既不順服明知有征討之事也云則既朝覲王爲壇於国外合諸侯而命事焉者此司儀及覲礼所云爲壇合諸侯是也云命事者謂命以征討之事即大行人云時會以發四方之禁々是九伐之法也云春秋傳曰有事而會不協而盟者此昭三年鄭子大叔曰文襄之霸也其務不煩諸侯令諸侯三歲而聘五歲朝有事而會不協而盟引之者證時會之義但是霸者會盟諸侯非王者法引之者取一邊證爲壇會盟之

事同若然當諸侯有不順王命者不來其順服者皆
來朝覲天子一則顯其順服二則欲助天子征討故
來也云既朝覲者若不當朝之歲則不須行朝覲於
國中直壇朝而已其當朝之歲者則於国中春夏行
朝宗於王朝受享於廟秋冬則一受之於廟也故鄭
云既朝覲王為壇於国外也云殷猶衆也十二歲王
如不巡守則六服盡朝々礼既畢王亦為壇合諸侯
以命政焉鄭知十二歲者案大行人云十二歲王乃
乃巡守殷国若王無故則巡守王制及尚書所云者
是也若王有故則此云殷見曰同及大行人云殷国

是也云殷同者六服衆皆同來言殷國者衆來見於王國其事一也鄭知爲壇於國外者覲禮云諸侯覲于天子爲宮方三百步四門壇十有二尋深四尺加方明于其上鄭注云四時朝覲受之於廟此謂時會殷同也明知諸侯殷見亦爲壇於國外若巡守至方嶽然云所命之政如王巡守者巡守命政則王制所云命典禮考禮命市納價之類又尚書所云歲二月東巡守已下脩五禮五玉及協時月正日之等皆是也云殷見四方四時分來終歲則徧者若四時服數來朝則當朝之歲大行人所云侯服年〻朝甸服二

年朝男服三年朝采服四年朝衛服五年朝要服六年朝各隨其年而朝若彦見曰同春則東方六服盡來夏則南方六服盡來秋則西方六服盡來冬則北方六服盡來故云四方四時分來終歲則徧矣　時聘曰視　注時聘至一年　釋曰此經二者是諸侯遣臣聘問天子之事鄭知時聘是無常期者以其與上文時見同言時則知此時聘亦無常期也云天子有事乃聘之焉者上時是當方諸侯不須服其須服者當方盡朝無遣臣來之法其餘三方諸侯不來諸侯聞天子有征伐之事則遣大夫來問天子故云

天子有事乃聘之焉云竟外之臣既非朝歲不敢瀆爲小礼者瀆數也天子無事不敢數遣大夫聘問天子以是故有事乃遣大夫問也必知時聘遣大夫不使卿者以其經稱問案聘礼小聘曰問使大夫此經云曰問明使大夫也云殷覜謂一服朝之歲以朝者少者以其周法依大行人諸侯服數來朝則有一服朝之歲諸侯既不自朝明使卿來聘天子故稱殷(殷)殷衆也若殷見然云朝者少卿來則衆也云諸侯乃使卿以大禮衆聘焉者鄭知使卿以大礼者見聘礼大聘使卿此既諸侯使臣代已來明不得使大夫故知

使卿以大礼衆聘焉使卿爲大礼對使大夫爲小礼也云一服朝在元年七年十一年者鄭約大行人要服之内諸侯服數來朝一服朝當此三年以其侯服年々朝甸服二年朝四年朝六年朝八年朝十年朝十二年從天子巡守是甸服於元年七年十一年無朝法是使卿殷覜也男服三年朝六年朝九年朝十二年從天子巡守於元年七年十一年亦無朝法是亦使卿以大礼聘天子也采服四年朝八年朝十二年從天子巡守則元年七年十一年亦無朝天子之法是亦使卿以大礼聘天子也衛服五年朝十年朝

則元年七年十一年亦無朝天子法是亦使卿以大
礼聘天子也要服六年朝十二年從天子巡守則元
年七年十一年亦無朝法是亦使卿以大礼聘也
故知一服朝在元年七年十一年也　以軍礼同邦國
注同謂至有五　釋曰既云同邦国則使諸侯邦
国和同故鄭云同謂威其不協僭差者使之和協不
僭差僭差謂若礼記郊特牲云宮縣白牡朱干設錫
之類皆是諸侯之僭礼也大師至衆也　注用其義
勇　釋曰云大師者謂天子六軍諸侯大国三軍次
国二軍小国一軍出征之法用衆鄭云用其義勇者

論語云見義不爲無勇也見義謂見君有危難當致身授命以救君是見義而爲故勇義兼言若朋友推刃是不義而勇也　大均至衆也　注均其至憂民釋曰此大均亦據邦國循天下皆均之故云大均不患寡而患不均不均則民患故大均之禮所以憂恤其衆也　鄭約地官均人云掌均地政均地守均地職彼注云政讀爲征地征謂地守地職之稅也地守衡虞之屬地職農圃之屬若然地征者與下地守地職爲目也此云之賦即彼注之稅一也此大均必在軍礼者謂諸侯賦稅不均者皆是諸侯僭濫無道致

有不均之事當合衆以均之故在軍礼也　大田至衆也　注古者至之數　釋曰此謂天子諸侯親自四時田獵簡閱也謂閱其車徒之數也云古者因田習兵者案書傳云戰者男子之事因蒐狩以閱之閱之者串之大司馬田法引論語不教民戰是謂棄之以證因田獵爲習兵之事云閱其車徒者田獵之時有車徒旗鼓甲兵之事故云閱其車徒也　大役至衆也　注築宮至强弱　釋曰鄭知有築宮邑者詩云築室百堵西南其戶是築宮也詩又云築城伊匹是築邑也其靈臺隄防之等皆役民力鄭略之

也云軍民力強弱者論語云為力不同科是軍民力之強弱也　大封至衆也　注正封至其民　釋曰知大封為正封疆者謂若諸侯相侵境界民則隨地遷移者則民庶不得合聚今以兵往正之則其民合聚故云大封之礼合衆也鄭兼言溝塗者古境界皆有溝塗而樹之以為阻固則封人云掌畿封而樹之者是也　以嘉礼親万民　釋曰餘四礼皆云邦国獨此云万民者餘四礼万人所行者少故舉邦国而言此嘉礼六者万民所行者多故舉万人其實上下通也　注嘉善至有六　釋曰云所以因人心所善

者而為之制者案礼運云飲食男女人之大欲存焉此嘉礼有飲食男女之等皆是人心所善者故設礼節以裁制之即下經所云者皆是也　以飲至兄弟

釋曰此經云飲食亦尊卑通有下文别有饗燕則經云飲者非饗燕是私飲酒法其食可以通燕食俱有以其下不别云食故也　注親者至然也　釋曰言使之相親者止謂與族人行飲食即是相親也云人君有食宗族飲酒之礼所以親之也者謂人君與族人行食礼并飲酒之礼故并言之文王世子曰族食世降一等者鄭彼注云親者稠疏者稀假令親兄

弟歲四度從父昆弟歲三度從祖昆弟歲二度族昆弟歲一度是其一世降一等云大傳曰繫之以姓而弗別者子孫雖有氏族不同皆繫之以正姓若魯姓姬子孫氏曰仲孫叔孫季孫之屬氏族雖異同是姓姬故云繫之以姓而不別也云綴之以食而弗殊者謂繼別為大宗者與族人行食禮相連綴序以昭穆而不可殊異也云百世而昏姻不通者以繫之以正姓雖氏族異昏姻不得通行也云周道然也者對殷道則不然以其殷道氏族異則得昏姻也引之者證此經以飲食相親之事鄭注引文王世子據人君法

引大傳據大夫士法則万民亦有此飲食之礼也
以昏冠至男女　釋曰此一節陳昏姻冠笄之事上
句直言昏冠事據男而言亦有姻笄故下句兼言男
女也若然則昏姻之礼所以親男女使男女相親三
十之男二十之女配為夫妻是也冠笄之礼所以成
男女男二十而冠女子許嫁十五而笄不許亦二十
而笄皆責之以成人之礼也　注親其恩成其性
釋曰案昏義壻親迎御輪三周是壻親之親之也者
使之親已是親其恩也云成其性者冠義云礼始於
冠既冠責以為人父為人子為人臣之礼又內則云

二十敎行孝弟是成其性也　以賓至朋友　釋曰
言以賓射之礼者謂若射人王以六耦射三侯三獲
三容五正是賓射之侯也以此賓射之礼者謂行燕
飲之礼乃與之射所以申歡樂之情故云親故旧朋
友也　注射礼至之辟　釋曰云射礼雖王亦立賓
主也者案大射禮以大夫為賓主案此云王以賓射
之礼既行燕飲之礼明知王亦立賓主也云王之故
旧朋友為世子時共在學者若據即位為王已後亦
有以臣為朋友不得云故舊今云故舊朋友明據未
為王時案文王世子周公居攝成王與伯禽在學與

學子同居又王制有王大子是為世子時共在學者也云天子亦有友諸侯之義即所引泰誓云武王誓曰我友邦冢君是天子有友諸侯之義言此者欲見經云朋友亦含諸侯在其中案洛誥周公謂成王云孺子其朋彼以成王以臣為朋友則此朋友之中可以兼之矣引司寇職有議故之辟議賓之辟者證諸侯為賓及王之故舊皆在議限與此經故曰朋友並得為賓射相親之事也　以饗賓至賓客　注賓客謂朝聘者　釋曰此經饗燕並言殊食於上者食無獻酬之法故别言於上與私飲同科此饗燕謂大行人云

上公三饗三燕侯伯再饗再燕子男一饗一燕饗亨
大牢以飲賓獻依命數在廟行之燕者其牲狗行一
獻四舉旅降脫屨升坐無筭爵以醉為度行之在寢
此謂朝賓若聘客則皆一饗其燕與時賜無數是親
四方賓客也　以脤至之国　注脤膰至歸脤　釋
曰兄弟之国謂同姓諸侯若魯衛晉鄭之等凡受祭
肉者受鬼神之祐助故以脤膰賜之是親之同福祿
也鄭總云脤膰社稷宗廟之肉分而言之則脤是社
稷之肉膰是宗廟之肉是以成十三年公及諸侯朝
王遂從劉康公成肅公會晉侯伐秦成子受脤于社

不敬注云脤宜社之肉也盛以蜃器故曰脤劉子曰国之大事在祀與戎祀有執膰戎有受脤注云膰祭肉又案異義左氏說脤社祭之肉盛之以蜃宗廟之肉名曰膰以此言之則宗廟之肉曰膰社稷之肉曰曰脤之驗也而公羊穀梁皆云生居俎上曰脤熟居俎上曰膰非鄭義耳對文脤為社稷肉膰為宗廟肉其實宗廟社稷器皆飾用蜃蛤 故掌蜃云祭祀共蜃器之蜃注云飾祭器是其祭器皆飾以蜃也 云兄弟有共先王者謂若魯與周同承文王鄭與周同承厲王如此之輩與周同立廟是共先王也云定公十四

年天王使石尚來歸脤者石尚天子之上士故稱名
氏言來者自外之辭歸者不反之稱是天子祭社使
來歸脤引之證同姓有歸脤之事此文雖主兄弟之
国至於二王後及異姓有大功者得與兄弟之国同
故僖九年夏王使宰孔賜齊侯胙曰天子有事于文
武使孔賜伯舅胙注云胙膳肉周礼以脤膳之礼親
弟兄之國不以賜異姓敬齊侯比之賓客又僖公二
十四年宋成公如楚還入於鄭々伯將享之問礼於
皇武子對曰宋先代之後也於周為客天子有事膳
焉有喪拜焉是二王後及異姓有大功者亦得脤膳

膳之賜是以大行人直言歸脤以交諸侯之福不辨同姓異姓是亦容有非兄弟之國亦得脤膳也 以賀至之國 釋曰言賀慶者謂諸侯之国有喜可賀可慶之事王使大夫往以物賀慶之可施及異姓之國所以親之也雖主異姓其同姓有賀慶可知故舉異姓包同姓也是以大行人云賀慶以贊諸侯之喜不别同姓異姓則兼同姓可知 注異姓王昏姻甥舅 釋曰若據男女身則男曰昏女曰姻若以親言之則女之父曰昏壻之父曰姻言甥舅者嫁女與之則為甥王娶女來則為舅摠是昏姻之国也 以九儀

至之位　釋曰此一經與下文爲揔目以其大宗伯
掌五礼礼所以辨尊卑故以九儀之命正諸侯邦國
之位使之不有僭濫也　注每命至異數　釋曰云
每命異儀貴賤之位乃正者下文從一命以至九命
各云所受賜貴賤不同即此經以九儀之命正邦国
之位事義相成故云貴賤之位乃正〻則不僭濫也
引春秋傳曰名位不同礼亦異數者證每命異儀
壹命受職　注始見至職事　釋曰云始見命爲正
吏者對府史胥徒非正吏以其府史胥徒皆官長所
自辟除未得王之命故以士得王命者爲正吏也云

謂列國之士者謂公侯伯爲列国下云七命賜国鄭注孝經云列土封疆之諸侯亦據公侯伯七命賜国則子男不得爲列国也典命公侯伯之士一命故鄭以列国之士觧之也云於子男爲大夫者典命子男大夫一命是也云王之下士亦一命者無正文直以序官有上士中士下士之名又典命大夫四命之下空文宜有三命二命一命故以王之下士一命觧之若然典命不見王之士三命已下者以其四命已上有出封之理故下云其出封皆加一等士無出封之理故不言以義推之則士有三命已下也先鄭云受

職治職事者設官分職止爲治事故以治職事解之
也　再命受服　注鄭司農至弁服　釋曰先鄭云
受服受祭衣服爲上士者祭衣服雖不指斥服名以
義推之先鄭云爲上士則服爵弁服也言爲上士者
上一命先鄭雖不言王之中士下士同一命此言再
命爲上士則王之中士下士同一命可知也玄謂此
受玄冕之服者以司服云孤絺冕卿大夫同玄冕此
云再命受服明據玄冕也云列国之大夫再命者亦
據典命公侯伯之大夫同再命而知云於子男爲卿
者亦據典命而言也云卿大夫自玄冕而下如孤之

服者此亦據司服之文案玉藻注云諸侯之臣皆分爲三等其妻以次受此服則公之有孤之國孤絺冕卿大夫同玄冕若無孤之國則公侯伯子男卿絺冕大夫玄冕士皆爵弁若然此注云於子男爲卿〻當絺冕矣鄭云卿大夫自玄冕而下如孤之服者據司服之成文而言也云王之中士亦再命者上文已差訖云士則爵弁服者凡言士者無問天子士諸侯士例皆爵弁以助祭也若然司服不見爵弁者以其全吉服有九自公已下轉相如其爵弁於天子諸侯非吉所用故不言案士冠礼皆有爵弁服是士之助祭

服故士以爵弁爲正也案先鄭解此九儀皆先言王
臣後鄭皆諸侯爲首以王臣亦之者後鄭見上云正
邦国之位故以諸侯爲首後以王臣亦之得其理也
三命受位　注鄭司農至一命　釋曰先鄭云受
下大夫之位先鄭意以上士二命下大夫三命上大
夫四命案王制云次國之下卿位當大国之上大夫
小国之下卿位當大國之下大夫則諸侯之五大夫
有上下案序官有中大夫下大夫則大夫亦得名爲
上大夫矣故先鄭以下大夫三命上大夫四命即典
命大夫四命者是上大夫也後鄭不從者以侯伯子

男名位不同侯伯猶同七命子男猶同五命況中大夫下大夫名位既同何嫌不得同命也是以典命唯見大夫四命是兼中下大夫故不從先鄭也玄謂此列國之卿始有列位於王爲王之臣者諸侯之卿大夫皆得聘天子今於三命乃云始有列位於王爲王之臣者以其再命已下卑雖得聘天子不得言位于王朝是以據列國之卿而言故曲禮云列国之大夫入天子之國曰某士注引春秋晉士起亦據晉国之卿三命而於天子稱士與天子三命之士同稱士即爲王臣也　四命受器　注鄭司農至四命　釋曰

先鄭云受祭器為上大夫上已破訖玄謂此公之孤
始得有祭器者也者曲禮云大夫有田者先為祭服
後為祭器則儀礼少牢用成牲皆是有地大夫則自
得造祭器今云公之孤四命始得有祭器者但未四
命已前有地大夫雖得造祭器〻〻未具猶假之使
足至四命即具有言始有祭器者據始得具祭器而
言引礼運者證未四命已前祭器須假之意云王之
下大夫亦四命者約典命文　五命賜則　注鄭司
農至制焉　釋曰先鄭云出為子男者司農據典命
而言玄謂則地未成國之名者對下文七命賜國是

成国此五命子男言則是未成國但成国之賦有三
若以出軍言之春秋襄公傳云成國不過半天子之
軍謂據公五百里而言以其侯伯為次國二軍故也
若以執圭為成国而言可及伯即下經七命賜國者
是也若以千乘為成國言之唯公及侯以其伯三百
里不得出千乘故鄭注論語云公侯之封乃能容之
是也王之下大夫四命出封加一等五命亦是典命
文云賜之百里二百里之地者大司徒職文云方三
百里以上為成国者此據下文七命賜國而言也云
王莽時以二十五成為則者此舉後代以況義二十

五成與夏殷五十里國亦與時百里二百里之国同名則故云則方五十里云合今俗說子男之地者時有孟子張包周及何休等並不信周禮有五百里已下之國以王制百里七十里五十里等為周法故鄭指此等人為俗說也云獨劉子駿等識古有此制焉者言劉子駿等則有馬融鄭司農及杜子春等皆信周禮有五百里已下之國周公大平制礼所定法故云識古有此制也引此諸文者證時有解則為五十里者故也　六命賜官注鄭司農至後之　釋曰先鄭云子男入為卿治一官此後鄭不從者案典命唯

有出封加一等無入加之文則出有加入無加令以子男五命入加一等為王朝六命卿於理不可且允此上下文所言賜受者皆是自外之事今言賜官則是此六命之人使已有之令以賜官為賜當身治一官亦不可故後鄭皆不從也先鄭之義出加入亦加若毛君之義出加入減故晉詩云豈曰無衣六兮毛傳云天子之卿六命車旗衣服以六為節是出加入減也後鄭不從者諸侯入為王卿大夫其尊如故以為榮何得入則減之乎指如鄭武公桓公並入為三之司徒詩人美之若減何美之有手明入不減鄭君

之義出加入不減依於在國若言六命者以晉侯入
爲王卿謙不敢必當七命之服故云六命耳玄謂此
六命之卿賜官者使得自置其臣治家邑如諸侯者
安載師有小都大都〻〻謂三公王子母弟所食邑
小都王之卿六命所食邑如此六命已上賜之官使
得自置其臣治家邑如諸侯此則大宰云施則於都
鄙建其長立其兩已下是三公王子母弟得立官如
畿外諸侯但少一卿不足於諸侯而已言家邑雖與
大夫家邑同名此則大都小都也卿大夫稱家故言
家邑以表大小都耳引春秋者證諸侯以臣爲官故

荀偃自於晉侯稱官職內諸侯臣亦稱官此經是也荀偃對河神故稱其君名諸侯於外事皆稱曾臣言先後者先後謂左右謂荀偃左右晉侯也　七命賜国　注王之至之國　釋曰此後鄭先鄭所云皆據典命而言以其王之卿六命出封加一等即七命是侯伯之國者也　八命作牧　注謂侯至八命　釋曰案曲礼云牧於外曰侯是牧本爵稱侯矣一州二百一十國選賢侯為牧今鄭兼言伯者牧用侯伯不定其牧若有賢侯則用侯若無賢侯則用伯可也故鄭兼言伯其牧下二伯亦或用侯或用伯故詩旄

丘責衛伯鄭云衛康叔之封爵稱侯今曰伯時為州伯是牧下二伯亦用侯也云加命得專征伐於諸侯者侯伯七命今云八命作牧明是侯伯加命也云得專征伐者案王制云諸侯賜弓矢然後專征伐並據州牧而言以其弓矢之賜州內有臣殺君子殺父不請於天子得專征伐之先鄭云州之牧〻養也卽大宰一曰牧以地得民是也云王之三公亦八命典命文。九命作伯　注上公至方伯　釋曰典命云王之三公八命是上公矣今云九命明有功德加一命為二伯也二伯之文出於曲礼案曲礼云五官之長曰伯是職方鄭引公羊傳云自陝以東周公主之自陝以西召公主之是東西二伯也云得征五侯九伯者僖公四年左氏傳云昔召康公命我先君大公曰五侯九伯汝實征之以夾輔周室賈服之等諸侯九州之伯若然與天子何殊而爲夾輔乎故鄭以爲五侯者九州有九牧々即侯但二伯共分各得四侯半侯不可分故二伯皆言五侯也言九伯者九州有十八伯各得九伯故云九伯也此二伯其有違逆者各征半天下故云五侯九伯汝實征之也引之者證二伯尊得征半天下之事也先鄭云長諸侯爲方伯者

公羊傳云上無明天子下無賢方伯〻〻可及州牧并二伯故云方伯〻長也是一方之長也　以玉至邦國　注等猶齊等也　釋曰此經與下爲揔目有此王之鎮圭而言邦國者以邦國爲主也言等猶齊等者案禮記雜記贊大行云博三寸厚半寸剡上左右各寸半其長短即玉人所云皆依命數是其圭法也旣命諸侯當齊等之使不違法也　王執鎮圭注鎮安至二寸　釋曰此鎮圭　注鎮安至二寸釋曰此鎮圭王祭祀時所執故典瑞云王晉大圭執鎮圭繅藉五采五就以朝日則餘祭祀亦執之云鎮

安也所以安四方者以職方九州州有一大山以為其州之鎮此鎮圭亦所以鎮安四方也云鎮圭者蓋以四鎮之山為瑑飾者以其諸侯圭皆以類為瑑飾此字為四鎮之字明以四鎮之山為瑑飾也無正文故云蓋以疑之四鎮者謂楊州之會稽青州之沂山幽州之醫無閭冀州之霍山是也云圭長尺二寸者案玉人云鎮圭尺有二寸天子守之是也　公執桓圭　注公二王至九寸　釋曰此所執謂朝時案聘禮々記及典瑞所云者是已下皆據朝時也云公二王之後者案孝經援神契云二王之後稱公大國稱

侯皆千乘是二王後稱公云及王之上公者典命上公之禮及此上之九命作伯皆是王之上公也云雙植謂之桓者桓謂若屋之桓楹案檀弓云三家視桓楹彼注四植謂之桓者彼據柱之豎者而言桓若豎之則有四稜故云四植植即稜也此於圭上而言下二稜著圭不見唯有上二稜故以雙言之也云桓宮室之象所以安其上也者以其宮室在上須得桓楹乃安若天子在上須諸侯衛守乃安故云安其上也云桓圭蓋亦以桓為瑑飾者以無正文故亦云蓋也云圭長九寸者案玉人云桓圭九寸公守之是也

侯執至躬圭　注信當至七寸　釋曰鄭必破信爲身者古者舒申字皆爲信故此人身字亦誤爲信故鄭云聲之誤也云身圭躬圭蓋皆象以人形爲瑑飾者以其字爲身躬故鄭還以人形解之云文有麤縟耳者縟細也以其皆以人形爲飾若不麤縟爲異則身躬何殊而别之故知文有麤縟爲别也云欲其慎行以保身者此鄭約上下圭爲義旣以人身爲飾義當慎行保身也云圭皆七寸者案玉人云信圭躬圭七寸侯伯守之是也　子執至蒲璧　注穀所至國也　釋曰穀所以養人蒲爲席所以安人二玉蓋或

以穀爲飾或以蒲爲琢飾者此亦無正文故亦言蓋
以疑之言或者非疑以其三玉用物不同故云或耳
云繅皆徑五寸者案玉人爛脫大行人有五寸之文
也云不執圭者未成國也者據上文五命賜則是未
成國也　以禽至諸臣　注摯之至自致　釋曰此
亦與下爲總目案下文有孤執皮帛而此云以禽者
據羔已下以多爲主也案莊公傳男贄大者玉帛小
者禽鳥尚書五玉亦云贄則玉亦是贄此上下文玉
爲瑞禽云摯者此以相對爲文故王以下言瑞天子
受瑞於天諸侯受瑞於天子諸臣無此義故以摯爲

文鄭云摯之言至執之以自致者案士相見新升爲
士皆執摯乃相見卿大夫亦然至於五等諸侯朝聘
天子及相朝聘皆執摯以自致乃得見主人故以至
解摯也　孤執至執雞　注皮帛至庭實　釋曰凡
此所執天子之臣尊諸侯之臣卑雖尊卑不同命數
有異爵同則摯同此文雖以天子之臣爲主文兼諸
侯之臣是以士相見卿大夫士所執亦與此同但飾
有異耳鄭云皮帛者束帛而表以皮爲之飾者案聘
禮束帛加辟又云束帛乘馬故知此帛亦束〻者十
端每端丈八尺皆兩端合卷摠爲五匹故云束帛也

言表以皮爲之飾者凡以皮配物者皆手執帛以致
命而皮設於地謂若小行人圭以馬璋以皮〻馬設
於庭而圭璋特達以升堂致命也此言以皮爲之飾
者孤相見之時以皮設於庭手執束帛而授之但皮
與帛爲飾耳云皮虎豹皮知者見礼記郊特牲云虎
豹之皮示服猛且皮中之貴者勿過虎豹故知皮是
虎豹皮也云帛如今辟色繒也者但王有五色而言
辟色繒蓋漢時有辟色繒故鄭舉以言之故云如今
辟色繒其辟色繒未知色之所定也云羔小羊取其
羣而不失其類者凡羊與羔皆隨羣而不獨故卿亦

象焉而不失其類也云鴈取其候時而行者其鴈以
北方爲居但隨陽南北木落南翔冰泮北徂其大夫
亦當隨君無背云雉取其守介而死不失其節者但
雉性耿介不可生服其士執之亦當如雉耿介爲君
致死不失節操也云鶩取其不飛遷者庶人府史胥
徒新升之時執鶩〃即今之鴨是鶩既不飛遷執之
者象庶人安土重遷也云雞取其守時而動者但工
或爲君興其巧作商或爲君興販來去故執雞象其
守時而動云曲礼曰飾羔鴈者以繢謂衣之以布而
又畫之者鄭意以經所執天子之臣與諸侯之臣同

欲見飾之有異耳云自雉以下執之無飾者欲見天子士諸侯士同皆無布飾以其士卑故不異又引士相見已下者欲以天子諸侯卿大夫飾摯者異明天子孤諸侯孤皮亦不同此約卿大夫以明孤無正文故言與以疑之也云此孤卿大夫士之摯皆以爵不以命數者但天子孤卿六命大夫四命上士三命中士再命下士一命諸侯孤四命公侯伯卿三命大夫再命士一命子男卿命大夫一命士不命但爵稱孤皆執皮帛爵稱卿皆執羔爵稱大夫皆執鴈爵稱士皆執雉庶人已下雖無命數及爵皆執鶩天子諸侯

下皆同故云皆以爵不以命數也云凡摯無庭實者案士相見皆不見有庭實對享私覿私面之等有庭實故此言無也

周禮疏卷第十九

周禮正義

廿之廿一

廿之廿一

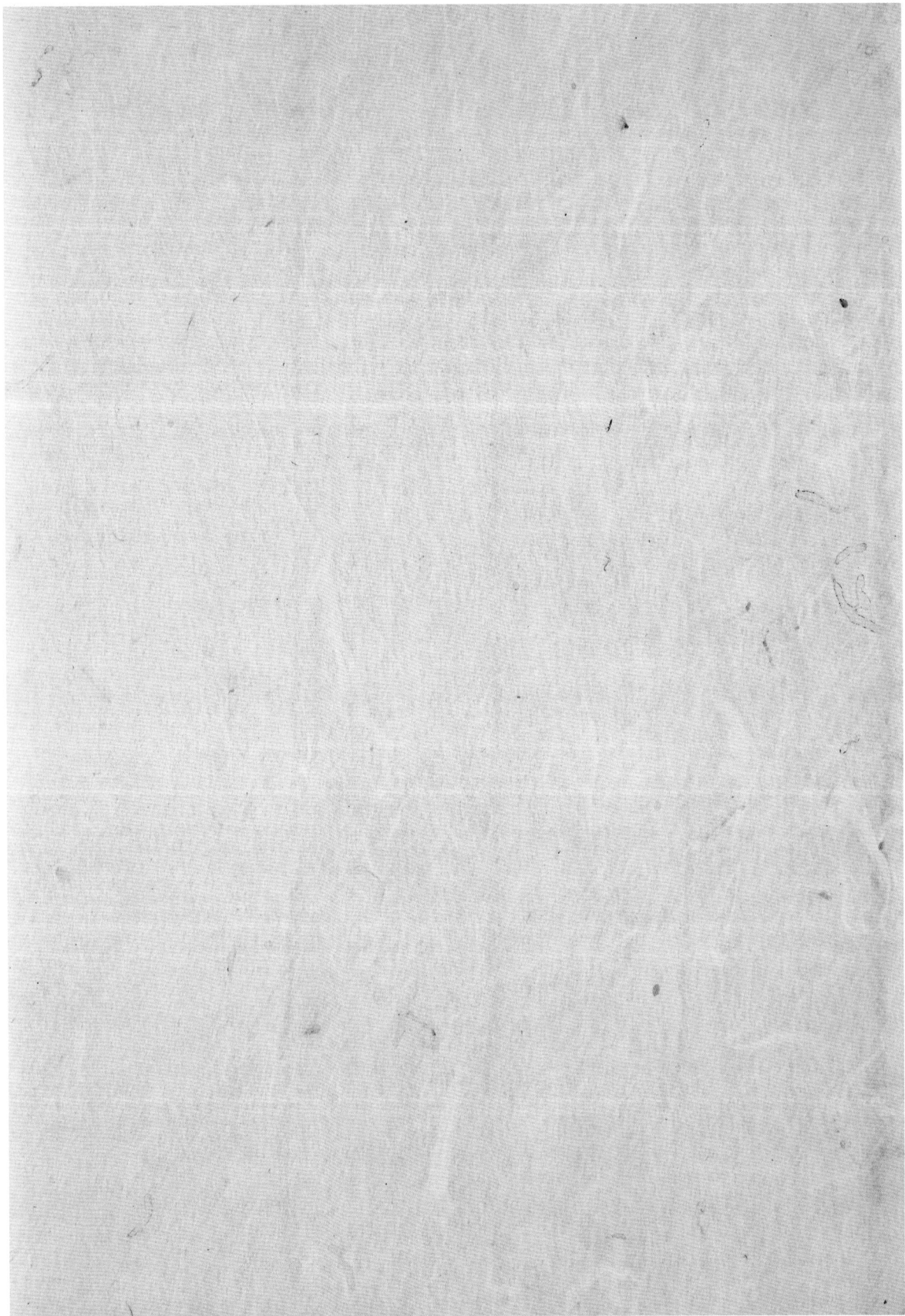

周禮疏卷第二十

唐朝散大夫行大學博士弘文館學士臣賈公彥等撰

以玉至四方　注禮謂至是也　釋曰言作六器者據礼神則曰器上文人執則曰瑞對此文義爾若通而言之礼神雖不得言瑞人執者亦曰器故聘礼云圭璋璧琮凡四器者唯其所寶以聘可也尚書亦以五瑞爲五器卒乃復是其人執亦曰器也云禮謂始告神時薦於神坐者此以玉禮神在作樂下神後故鄭注大司樂云先奏是樂以致其神礼之以玉而祼焉是其以玉礼神與宗廟祼同節若然祭天當實

柴之節也書曰周公植辟秉圭是也者此金縢文彼
以周公請天代武王死之説爲三壇同墠又爲壇於
南方周公於前立焉告大王王季文王故植辟於三
王之坐手秉植圭引之者證植辟於神坐之側事也
以蒼至北方　注此礼至半見　釋曰云此禮天
以冬至謂天皇大帝在北極者也者青圭已下有五
天明此蒼辟礼天者是冬至祭圜丘者案大司樂云
以雷鼓雷鼗雲門之舞冬日至於地上之圜丘奏之
若樂六變則天神皆降是也云禮地以夏至謂神在
崐崘者也者崐崘與昊天相對蒼辟礼昊天明黄琮

禮崐崘大地可知故大司樂云以靈鼓靈鼗夏日至於澤中之方丘奏之若樂八變則地示皆出是也故鄭彼云天神則主北辰地示則主崐崘是即與此同也云禮東方以立春謂蒼精之帝者此已下皆據月令四時迎氣皆在四立之月故以立春立夏立秋立冬言之也知皆配以人帝人神者亦據月令四時十二月皆陳人帝人神彼止爲告朔於明堂及四時迎氣配天帝而言告朔於明堂告五人帝五人神配以文王武王必知迎氣亦有五人帝五人神者以其告朔入明堂至秋揔享五帝於明堂皆以五人帝五

人神配天若然迎氣在四郊還是迎五天帝明知五人帝五人神亦配祭可知以其自外至者無主不止故皆以人帝人神爲配也言蒼精赤精白精黑精者皆據春秋緯運斗樞云大微宮有五帝坐星文耀鉤亦云靈威仰之等而説也云礼神者必象其類者即璧圜已下是象其類也案爾雅云肉倍好謂之璧好倍肉謂之瑗肉好若一謂之環是璧圜也云琮八方象地者天圜以對地方地有四方是八方也云圭鋭象春物初生者雜記贊大行云圭剡上左右各寸半是圭鋭也云半圭曰璋者案典瑞云四圭有邸以祀

天兩圭有邸以祀地兩圭半四圭又云圭辟以祀日
月是一圭半兩圭又云璋邸射以祀山川是璋又半
一圭故云半圭曰璋公羊傳亦云寶者何璋判白亦
半圭曰璋云象夏物半死者夏時薺麥死是半死云
琥猛象秋嚴者謂以玉爲琥形猛屬西方是象秋嚴
也云半辟曰璜者逸礼記文似半圭曰璋也云冬閉
藏地上無物唯天半見者列宿爲天文草木爲地文
冬時草木枯落唯天上列宿仍在故云唯天半見故
用半辟曰璜也此六玉所用則上辟下琮案覲礼加
方明東方圭南方璋西方琥北方璜與此同唯上圭

下璧與此違者鄭彼注云上宜以蒼璧下宜以黃琮
而不以者則上下之神非天地之至貴者也彼上下
之神是日月故陳玉與此不同也此經神不見中央
含樞紐者此四時迎氣皆在四郊小宗伯云兆五帝
於四郊鄭注云黃帝亦於南郊是也易云天玄而地
黃今地用黃琮依地色而天用玄者蒼玄皆是天色
故用蒼也　皆有至之色　釋曰言皆則上六玉所
礼者皆有牲與幣也言各放其器之色則上蒼璧等
六器所有牲幣各放此器之色　注幣以至醻幣
釋曰知幣是從爵非礼神者若是礼神當在牲上

以其礼神幣與玉俱設若肆師云立大祀用玉帛牲牷是帛在牲上今在下明非礼神者也云若人飲酒有酬幣者獻尸從爵之幣無文故以生人飲酒之礼況之案聘礼饗時有酬幣明此幣既非礼神之幣則獻尸後酬尸時亦有幣之從爵也　以天至防之注鄭司農至其類　釋曰天産地産與陰德陽德無正文故先鄭後鄭各以意觧之不從先鄭天産是天生自然者以其天産地産相對産生也天生謂陰陽配合而生不由人之營造當是六牲地生謂由人營種即植物九穀之屬是也　故天産地産皆不從先鄭

也其陰德陽德後鄭又不從先鄭者但言德者謂在
身爲德今先鄭以陽德爲分地利以致富以身外解
之與陰德爲不露見自相違即知陰德爲男女之情
亦非故後鄭皆據人身陰陽之氣解之先鄭一説地
産謂土地之性此説地産與天産天性而自然何異
故後鄭亦不從也先鄭又云故曰以諧万民以致百
物者取下文釋此也玄謂天産者動物謂六牲之屬
者馬牛羊豕犬雞並自然陰陽配合而生故謂之天
産然万物蠢動者皆自然配合獨言六牲者但以此
經云以天産作陰德據人所膳食作動身中陰德故

據六牲而言也云地産者殖物謂九穀之屬者九穀
並是人所種植故云植物然草木皆地産今獨言九
穀亦據此經云作陽德謂食之作動人身中陽德故
據九穀而言也云陰德陰氣在人者陰氣虚純之則
劣故食動物作之使動者以其陰主消物是虚純虚
則劣動物是陽故須食動物六牲作之使動也云過
則傷性制中礼以節之者過謂氣大過大過則傷性
則奢泰僭濫故制中礼以防之礼言中者凡奢則僭
上儉則逼下礼所以制中使不奢不逼故以礼為中
也云陽德陽氣在人者陽氣盈純之則躁故食植物

作之使静者案礼記玉藻云顛實陽休是陽主盈滿
故云陽氣盈純之則躁若陽氣主動不兼陰氣純之
則躁故食殖物作之使静知植物爲陰者見聘礼致
饔餼醯醢在碑東醢在碑西醯是穀之所爲是穀物爲
陽之義也而此云植物陰者此以動植相對故動爲
陽植爲陰彼以醯醢相對故醯爲陽醢爲陰也云過
則傷性者謂大静爲傷性樂爲陽故制和樂以節之
陽氣盈案樂記云樂盈而反以反爲文故樂能損盈
陰氣虚樂記云礼減而進以進爲文故礼能濟虚云
如是然後陰陽平情性和　謂陰氣虚濟之使盈陽

氣盈損之使虛故云陰陽平情和也而　育其類者即下文合天地之化已下是也以礼至百物　釋曰上文云中礼和樂是礼樂教世法故此經以礼樂並行以教使之得所万物感化則能合天地之化謂能合天地之化謂能生非類也又能生其種故云百物之産又以礼樂事鬼神則尚書云祖考來格之等是也云以諧万民者則尚書云庶尹允諧是也云以致百物者則尚書云百獸率舞之等是也　注礼濟至曰虛　釋曰礼濟虛樂損盈此樂記所云礼減而進以進為文者是礼濟虛進謂濟益是礼當濟益其虛

使之實滿又云樂盈而反以反爲文者是樂損盈反謂自抑止是樂畜自抑止使盈而不放溢也云並行則四者乃得其和者言並行謂礼樂並行以教世則天地之閒使不盈不虛折中得所則四者乃得其和也言四者謂天地之化百物之産共爲一以事鬼神爲二以諧万民爲三以致百物爲四也知化産共爲一者以其化與産氣類相似故爲一也云能生非類曰化者凡言變化者變化相對先變後化故中庸云動則變〻則化鄭云動〻人心也變改惡爲善也變之久則化而性善也又與鳩化爲鷹之等皆謂身在

而心化若田鼠化爲鴽雀雉化爲蛤蜃之等皆據身亦化故云能生非類曰化也易云乾道變化亦是先變後化變化相將之義也云生其種曰産者卵生胎生及万物草木但如本者皆曰産也　凡祀至大禮釋曰此亦法三才故享大鬼在其中帥執事而卜日者謂祭三者鬼神之時祭前十日大宗伯先帥執事有事於祭者共卜取吉日乃齊云宿眡滌濯者謂祭前一宿視所滌濯祭器看絜浄以否云涖玉鬯者天地有礼神之玉無鬱鬯宗廟無礼神之玉而有鬱鬯但宗廟雖無礼神玉仍有圭瓚璋瓚亦是玉故曲

禮云玉曰嘉玉郊特牲云用玉氣是也云有牲鑊者當省視烹牲之鑊云奉玉齍者此玉還是上文所涖者齍謂黍稷天地當盛以瓦簋但齍與上鬯互見為義皆始時臨之祭又奉之詔大號者謂大宗伯告大祝出祝辭也云治其大礼者謂天地人之鬼神祭礼王親行之為大礼對下小宗伯治小礼為小也詔相王之大礼者謂未至之時詔告之及其行事則又相之注執事至視也　釋曰案大宰云祀五帝前期十日帥執事而卜日注云執事宗伯大卜之屬此注云執事諸有事於祭者二注不同者以其大宰不掌祭

事故云執事大宗伯大卜之等卜日而已此大宗伯
主祭祀之事故揔諸有事於祭者也云滌濯溉祭器
也者此滌濯止是蕩滌以少牢有溉祭器故據而言
之溉即拭也云玉禮神之玉也者即蒼璧黄琮青圭
赤璋之等及四圭兩圭之類皆是礼神置於神坐也
案九嬪職云賛玉齍注云玉齍玉敦盛黍稷與此注
玉爲礼神之玉齍即非玉敦所飾注不同者彼九嬪
所賛々后設之據宗廟宗廟無礼神玉則玉齍不得
別解故爲玉敦此據天地爲主有礼神玉故與齍別
釋也大宰云祀五帝賛玉幣爵之事注云三者執以

從王至而授之彼所執據五帝此所奉據昊天與崐崘故不同云始追之祭又奉之者鄭據上云追今臨視也直視看而已下云奉據手執授王故云登又奉之云鑊亨牲器也者案特牲少牢鑊即爨在廟門之外東壁也云大號六號之大者謂若大祝云辨六號一曰神號二曰示號三曰鬼號四曰牲號五曰齍號六曰幣號之等是六號之大者也云以詔大祝以為祝辭者經云詔大號大祝是事神之人又辨六號故知所詔是詔大祝為祝辭祝辭祝辭則祝版之辭是也云羣臣礼為小礼者則小宗伯小祝行者是也

若王至攝位　注王有至祭事　釋曰攝訓為代有故者謂王有疾及哀慘皆是也量人云凡宰祭與鬱人受斝歷而皆飲之注云言宰祭者冢宰佐王祭亦容攝祭此宗伯又攝者冢宰貳王治事宗伯主祭事容二官俱攝故兩言之　凡大至薦徹　釋曰天地及社稷外神等后夫人不與此言凡大祭祀王后不與謂后應與而不與又云大祭祀明非羣小祀則大祀者唯宗廟而已則攝而薦豆籩徹者鄭云薦徹豆籩王后之事是王后有故宗伯攝為之凡祭祀皆先薦後徹故退徹文在下也　大賓至載果　釋曰此

大賓客對文則賓客異散文則通故大司徒云大賓客令野脩道委積是賓客爲諸侯通也大行人云大賓爲五等諸侯大客即謂其臣是賓客異也案大行人云上公之礼再祼而酢此再祼者有后祼則亦攝爲之内宰賛之侯伯一祼而酢子男一祼不酢此皆無后祼王不親酌則皆使大宰宗伯攝而爲之　注載爲至爲主　釋曰知代王祼賓客以鬯者見鬱人宗廟及賓客皆以鬱實彝而陳之即大行人所云祼與此祼皆用鬱鬯也　云君無酌臣之礼者見燕礼大射諸侯礼皆使大夫爲賓宰夫爲主人是諸侯君不

酬臣此大賓客遣大宗伯代祼是天子君亦不酬臣
也云言為者攝酬獻耳拜送則王者以其言代而為
祼即是直祼不拜案鄉飲酒燕礼大射賓主獻酢皆
拜送其送是王自為之以其恭敬之事不可使人故
也引司農在下者不親為至即君不酬臣義合故引
之在下也　朝覲至如之　釋曰朝覲會同即兼四
時朝覲云則為上相者此則大行人云上公之礼擯
者五人侯伯四人子男三人是也云大喪亦如之者
后及世子喪王為此主哭及拜賓則宗伯亦為上相
也云哭諸侯亦如之者謂諸侯薨於本國赴告天子

天子為位哭之大宗伯亦為上相與王為擯耳　注相詔至紨衣　釋曰云相詔王禮也者經三事為相皆是詔告王礼也云出接賓曰擯者據大行人云擯者五人四人三人而言也云入詔礼曰相者此據司儀云每門止一相及廟唯上相入是入廟詔礼曰相此對文義爾通而言之出入皆稱擯也云相者五人卿為上擯者依大行人據上公而言此大宗伯為上擯若大朝覲則肆師為承擯四時來朝小行人為承擯案覲礼嗇夫為末擯若待子男則三人足矣若侯伯四人者加一士上公五人者加二士今鄭云相者

五人卿為上擯據此大宗伯是卿故指此上擯而言也云大喪王后及世子也者以其與王為上相則王在矣而云大喪明是王后及世子矣亦得見大喪所前或嗣王則大喪中兼王喪也云哭諸侯者謂薨於國為位而哭之者若來朝薨於王國則王為之緦麻不應直哭之而已故引檀弓云天子之哭諸侯也爵弁絰紂衣案彼注云麻不加於采絰衍字以其遥諸侯著爵弁紂衣而已不合加麻絰　於紂衣爵弁之上也

王命諸侯則儐　注儐進至禁焉　釋曰云儐進之也者以命諸侯故知儐謂進使前以受策也云

王將出命假祖廟者若諸侯命臣則因祭宗廟命之則祭統十倫之義五曰見爵賞之施焉故祭之日一獻君降立于阼階之南〻鄉所命者再拜受書以歸又云古者於禘也發爵賜服順陽義嘗諸侯命臣必於祭時若天子命臣不要在祭時欲命臣當特為祭以命之故洛誥成王命周公後云烝祭歲文王騂牛一武王騂牛一王命作冊逸祝冊惟告周公其後注云告神周公宜立後謂封伯禽身非時而特假祖廟故文武各特牛也云立依前南鄉者此案司几筵云大朝覲大饗射凡封國命諸侯王位設黼依依前南

鄉是立依前南鄉之事也云儐者進當命者延之命使登内史由王右以策命之降再拜稽首登受策以出者史由王右以策命之者此案覲天子使公與史就館賜侯氏命服時史由公右執策命之又案祭統云祭之日一獻君降立於阼階之南南鄉所命北面史由君右執策命之再拜稽首受書以歸天子無降立之事其辭則同命諸侯之史當王右以策命之云降再拜稽首登受以出約僖二十八年王命晉侯之事案彼傳云王命内史叔興父策命晉侯爲侯伯當時晉侯降再拜稽首登受策以出據彼文也云此其

略也者但命諸侯其時威儀更有委曲今所言不盡故云略也云諸侯爵禄其臣則於祭焉者祭統所云者是也　國有至四望　注故謂至四瀆　釋曰此旅是祈禱之名是以知是凶烖凶謂年穀不熟烖謂水火也云旅陳也陳其祭事以祈焉礼不如祀之備者但祈謂祈請求福得福乃祠賽之祠賽則備而與正祭同故知禮不如祀之備也云上帝五帝也者案礼器云祀帝於郊而風雨寒暑時風雨寒暑非一帝之所能為此祈請亦是求風雨寒暑時非一帝故知是五帝也鄭司農云四望日月星海後鄭不從者礼

無祭海之文又山川稱望故尚書云望秩于山川是
也玄謂四望五嶽四鎮四瀆知者祭山川旣稱望案
大司樂有四鎮五嶽崩四瀆又與五嶽相配故知四
望中有此三者言四望者不可一往就祭當四向望
而為壇遥祭之故云四望也　王大至后土　注
后土至食者　釋曰大封謂若典命公八命卿六命
大夫四命其出封皆加一等是其大封之事對公卿
大夫為采邑者為小封云則先告后土者封是土地
之事故先以礼告后土神然後封之也注云后土土
神也黎所食者言后土有二若五行之官東方木官

句芒中央土官后土此等后土〻官也黎為祝融兼后土故云黎所食者若左氏傳云君戴皇天而履后土彼為后土神與此后土同也若句龍生為后土官死配社即以社為后土其實社是五土摠神非后土但以后土配社食世人因名社為后土耳此注本無言后土社寫者見孝經及諸文注多言社后土因寫此云后土社故鄭荅趙商云句龍本后土後遷為社王大封先告后土玄云后土〻神不言后土社也鄭又荅田瓊云后土古之官名死為社而祭之故曰后土社句龍為土官後轉為社世人謂為后土無可怪

此中后土不得爲社者聖人大平制礼豈得以世人
之言著大典明后土土神不得爲社也　乃頒至鄉
邑　注頒讀至采地　釋曰云頒讀爲班者鄭於周
禮所有頒皆讀爲班〻謂布也云班其所當祀及其
礼者但爵位不同礼亦異數既班其祀明亦班礼與
之故連言礼也班礼謂若諸侯不得祭天地唯祭社
稷宗廟五祀之等二王後與魯唯祭天仍不得祭地
大都亦與外諸侯同其礼者若獻尸上公九侯伯七
子男五等大宰之屬是也其小都與家則依卿大夫
之獻亦大宰也云都家之鄉邑謂王子弟以下者鄭

恐經鄉邑六鄉六遂非都家之内鄉邑故以明之謂都家之内鄉邑耳其都家之内鄉邑未必一如六鄉六遂家數但采邑之内亦有二十五家爲里以上以相統領故一成之内得有革車一乘士十人徒二十人發兵及出税之法所謂之鄉邑也謂王子弟者以親踈分於大都小都家邑三处食采地言及公卿大夫采地者謂若載師職公大都鄉小都大夫家邑也

小宗伯至宗廟　釋曰建立也言立邦之神位者從内向外故據国中神位而言對下經在四郊等爲外神也言右社稷左宗廟者案匠人亦云左宗廟右

社稷彼韋其營作此韋其成事位次耳案礼記祭義
注云周尚左又案桓公二年取郜大鼎納於大廟何
休云質家右宗廟尚親〻文家右社稷尚尊〻若然
周人右社稷者地道尊右故社稷在右是尚尊〻之
義此據外神在國中者社稷為尊故鄭注郊特牲云
國中神莫大於社祭義注周尚左者據内神而言若
據衣服尊卑先王衮冕先公鷩冕亦貴於社稷故云
周尚左各有所對故注不同也　注庫門至即之
釋曰鄭知庫門内雉門外者後鄭義以雉門為中門
周人外宗廟故知雉門外庫門内之左右也先鄭云

古者立位同字者是古者假借字同也云古文春秋者藝文志云春秋古經十二卷是此古文經所藏之書文帝除挾書之律此年然後行於世故稱古文

兆五至如之　釋曰自此以下云外神從尊至卑故先云五帝此不云大帝者此文上下唯論在四郊也對國中右社稷左宗廟其大帝與崐崘自相對而在四郊之內有自然之圜丘及澤中之方丘以其不在四郊故不言也

注兆為至北郊　釋曰云兆為壇之營域者案封人云社稷之壝謂壝土為之即此壇之營域一也不言壇者舉外營域有壇可知云五帝

蒼曰靈威仰之等此於大宗伯釋訖但彼據礼神玉幣而言此據壇域処所而說故兩処各言之也司農云四望道氣出入者案上注司農以為日月星海後鄭不從矣今此云道氣出入與上注不同者以無正文故兩注有異若然云道氣出入則非日月星海謂五嶽之等也故後鄭就足之還為五嶽之屬解之先鄭云四類三皇五帝九皇六十四民咸祀之者案史記云九皇氏沒六十四民興六十四民沒三皇興彼雖無三王五帝之文先鄭意三皇已祀之明并祭五帝三王可知後鄭不從者以其非五帝已下皆據

外神大昊句芒等配祭而已今𠃔特祭人帝於其中
非所宜故不從是以取五嶽之屬易之也後鄭注云
四類日月星辰者以其言類明以氣類而爲位以祭
之故知是日月之等知兆日於東郊者案祭義云大
明生於東故覲禮亦云拜日於東郊玉藻又云朝日
於東門之外也又知兆月於西郊者月生於西知風
師亦於西郊者以其五行金爲暘土爲風風雖屬土
秋氣之時万物燥落由風故風亦於西郊也云兆司
中司命於南郊者以其南方盛陽之方司中司命又
是陽故司中司命在南郊也兆雨師於北郊者以其

雨是水宜在水位故知雨師在北郊天子四望諸侯三望境内山川案僖三十一年夏四月猶三望服氏云三望分野星国中山川又上文先鄭云四望日月星海後鄭必知望祭中無天神者案哀六年云初楚昭王有疾卜曰河為祟王弗祭大夫請祭諸郊王曰三代命祀祭不越望江漢睢漳楚之望也爾雅又云梁山晉望又案尚書云望於山川則知望祭中無天神可知若天神日月之等當入四類之内也若然尚書云望於山川必知四望非山川是五嶽四瀆者以其下云兆山川丘陵之等山川既在下故知此四望

是五嶽之屬山川之大者也　兆山至其方　釋曰
案大司徒職地有十等此不言林澤原隰亦順所在
可知故略不言也　掌五至用等　注用等至軍嘉
釋曰云用等牲器尊卑之差者謂若天子大夫已
上大牢士少牢諸侯之大夫少牢士特牲之等其器
謂若少牢四敦特牲二敦士二豆三俎大夫四豆五
俎諸侯六豆七俎天子八豆九俎其餘尊罍爵勺及
饗食之等各依尊卑之差先鄭云五礼吉凶賓軍嘉
者大宗伯職文　辨廟祧之昭穆　釋曰案礼記王
制云天子七廟三昭三穆與大祖之廟而七諸侯二

昭二穆與大祖之廟而五大夫一昭一穆與大祖之
廟而三士一廟案祭法適士二廟王制不言之者取
自上而下降殺以兩故略而不言二廟者故此總云
廟祧之昭穆諸侯無二祧謂始封大祖廟為祧故聘
礼云不腆先君之祧是大祖為祧也　注祧遷至曰
穆　釋曰案祭法注祧之言超々然上去意以其遠
廟為祧故云上去意也周以文武為二祧文王第稱
穆武王第稱昭當文武後穆之木主入文王祧昭之
木主入武王祧故云遷主所藏之廟曰祧也云自始
祖之後父曰昭子曰穆者周以后稷廟為始祖特立

廟不毁即從不箇已後爲數不箇父爲昭穆子爲穆

從此以後皆父爲昭子爲穆至文王十四世文王第

稱穆也　䛿吉至之禁　釋曰云吉凶之五服者皆

據人數而云五也又云車旗宫室之禁者謂若典命

云国家宫室車旗衣服礼儀以九以七以五爲節言

禁令者謂五服及車旗宫室皆不得上僭下逼當各

依品命爲法　注五服至之服　釋曰案尚書云五

服五章才鄭注云十二也九也七也五也三也又云

予欲觀古人之象日月星辰注云此十二章天子備

有公自山而下孝經云非先王之法服注云先王制

五服日月星辰服諸侯服山龍云云皆據章數而言今此注五服以爲王及公卿大夫士之服不據章數爲五者以其喪服自天子達於士唯一而已不得數服爲五即知吉之五服亦不得數服故皆據人爲五也　掌三至政令　釋曰此三族謂父子孫舉本而言推此而往其中則兼九族矣云辨親疏者據已上至高祖下至玄孫傍至緦麻重服者則親輕服者則疏也云正室皆謂之門子者還據九族之内但適子正礼主皆是正室亦謂之門子　注三族至之事

釋曰云三族謂父子孫者此據已上親父下親孫是

父子孫此即親〻以三是也云以三為五者謂此父子孫之三以父親祖以子親孫則五也云以五為九者謂以祖親曾高以孫親曾玄即是以五為九也若然不言以五為七乃云以五為九者齊衰三月章云為曾祖鄭注云服之數盡於〻五則高祖宜緦麻曾祖宜小功也據祖期則曾祖宜大功高祖宜小功也高祖曾祖皆有小功之差則曾孫玄孫為之服同也重其衰麻尊〻也減其日月恩殺也以此而言曾祖高祖服同齊衰三月則為曾孫玄孫服同緦麻三月以尊卑服同故經云以五為九不須言以五為七也云

政令役守之事者案諸子職云掌国子之倅若有甲兵之事致於大子惟所用之是其役事案宮伯職云掌士庶子又有八次八舍宿衛之事是其守之事故揔云政令役守之事也　毛六至奉之　釋曰言辨其名物者若六牲皆有名若馬牛羊豕犬雞物色也皆有毛色若宗廟用騂之等云頒之于五官者六卿應言六官而云五者以其天官貳王治事尊而不使奉牲故五官也云使共奉之者謂充人養之至祭日之旦在廟門之前頒與五官使共奉之助王牽入廟即祭義所云卿大夫贊幣而從之彼雖諸侯法可況

天子也　注毛擇至主豕　釋曰先鄭云司徒奉牛已下皆案職知之若大司徒有牛人即云奉牛牲宗伯職有雞人即云供雞牲司馬職有羊人校人掌馬即云共羊牲奉馬牲司寇職有犬人即云奉犬牲是以先鄭依而用之唯司空職亡先鄭知主豕者五行傳聽之不聰則有豕禍是豕屬北方司空冬官故奉豕牲也　辨六至奉之　釋曰六穀云名物者謂六穀各有名其色異故云名物也云與其用者六穀所用若六牲六彝所用不同故須辨之云使六宮之人共奉之者黍稷簠簋是婦人所奉之事故使六宮之

人奉之六宮之人謂若世婦職云女宮之宿戒者也

注齍讀至麥苽　釋曰讀齍為粢者爾雅釋草粢稷也粢字從米以次為聲其盛字從皿以齊為聲從皿不如從米故讀粢也云六粢黍稷稻粱麥苽者約食醫和王六食云黍稷稻粱麥苽而言

辨六至果將　注六彝至為祼　釋曰上二經皆云使共奉之此及下經不云使共奉之而云以待文不同者上二者官衆故云使共奉此及下文並是司尊彝一職之事又是春官當司所主故直云以待也祼言將者將送也謂以圭瓚酌之送與尸及賓故云將六彝之

名出司尊彝也云果讀爲祼者諸文皆云祼故讀從之其實祼更讀爲灌　辨六至賓客　釋曰案司尊彝唯爲祭祀陳六彝六尊不見爲賓陳六尊此兼言賓客則在廟饗賓客時陳六尊亦依祭禮四時所用唯在外野饗不用祭祀之尊故春秋左氏傳云犧象不出門也若然案鬱人云掌祼器凡祭祀賓客之祼事則上六彝亦爲祭祀賓客而辨之而不言祭祀賓客者舉下以明上故略而不言注待者至山尊　釋曰云待者有事則給之者所須則祭祀賓客是也上經六彝亦云以待鄭不言者上經不言祭祀賓客先

鄭亦略而不言亦就此以待祭祀賓客而解之先鄭
解六尊亦據司尊彝而言也　掌衣至賞賜　釋
曰衣服謂若司服袞冕以下唯有大裘不可以賞賜
以其諸侯不合用之是以魯祭天用袞冕則二王後
祭天亦不得用大裘也　云車旗者謂若巾車金路象
路革路木路及夏篆已下亦得依所乘者賜之唯玉
路不得賜與大裘同是以魯用殷之大路也　注玉
以至以庸　釋曰引書者尚書舜典文孔云賜以車
服旌其能用　掌四至其禮　注序事至之時　釋
曰序事卜日省牲之等者此以經云掌四時祭祀之

序事謂次第先後故取上大宗伯凡祀大神享大鬼祭大祇帥執事而卜日已下之事下亦有省牲已下故取以證序事唯饎爨之言出於特牲即大宗伯云牲鑊一也　若國至詔號　釋曰此國大貞則大卜所云凡國大貞卜大遷之等視高作龜者是也　注號神至大封　釋曰此言卜事而云神號若案大祝有神號幣號又案下天府職云季冬陳玉以貞來歲之媺惡鄭云問事之正曰貞謂問於龜大卜職大貞之屬陳玉陳禮神之玉龜有天地四方則玉有六器者與此既言玉帛明亦有六幣以禮神也先鄭云大

貞謂卜立君卜大封大卜文不言大遷者引文略也

大祭至于玉　釋曰此云省牲眡滌濯省鑊與大宗伯文同謂佐大宗伯其大宰省牲者祭其不如法其逆盛即大宗伯涖玉齍者是也大宗伯涖之小宗伯迎之是相佐也其告時告備是其專職耳　注逆盛至饌具　釋曰知齍盛受饎人之盛以入者案少牢饎爨在廟門之外明天子諸侯饎爨亦在廟門外今言迎盛明於廟門之外迎入向廟堂東實之於簠簋也云省鑊視亨腥熟者案禮運云腥其俎熟其殽鄭云腥其俎豚解而腥之熟其殽體解而爓之此謂祭

宗廟朝踐饋獻節彼下文更有體其犬豕牛羊謂室
中饋熟亦須鑊鄭不言略也云時薦陳之晚早者陳
謂祭前陳饌於堂東薦謂薦之於神坐皆有晚早云
備謂饌具者此饌具即堂東所陳々備即告々王祭
時已至當行事也　凡祭至瓚果　注將送至璋瓚
釋曰云祭祀以時奉而授王者案小宰職云凡祭
祀贊王幣爵之事祼將之事注云又從大宰助王也
將送也祼送々祼謂贊王酌鬱鬯以獻尸以人道宗
廟有祼此小宗伯又奉而授王者　此據授王彼小宰
據授尸謂瓚既在王手小宰乃贊王授尸故二官俱

言也云賓客以時奉而授宗伯者大宗伯云大賓客攝而載祼者是也云天子用圭瓚者玉人云祼圭尺有二寸者是也云諸侯用璋瓚者此謂未得圭瓚之賜者故王制云諸侯賜圭瓚然後為鬯未賜圭瓚則資鬯於天子是用璋瓚謂未得圭瓚賜者也是以祭義云君用圭瓚祼大宗用璋瓚亞祼鄭云大宗亞祼容夫人有故是諸侯亦用圭瓚也若然天子用圭瓚則后亦用璋瓚也其諸侯未得圭瓚者君與夫人同用璋瓚也　詔相至宗伯　釋曰云詔相祭祀之小禮者謂王有故不親行事使臣攝祭則為小禮故鄭

云羣臣之礼云凡大礼佐大宗伯者大宗伯所云者
小宗伯佐之也此經所云既未至藏末輒言此者此
已下皆小宗伯專行事不佐大宗伯故於中言之以
結上也　賜卿至則儐　釋曰諸侯尊故大宗伯儐
卿大夫士卑故小宗伯儐之　注賜猶至服也　釋
曰云賜猶命也者但命謂以簡策以辭命之并加以
服賜自是以車馬賜之則賜命别矣而言賜猶命者
欲見賜命相將之物故覲礼賜侯氏以車馬及命書
與篋服同時也云如命諸侯之儀者儀法雖同礼數
則異也引公羊傳者欲見賜命相將之事　小祭至

之礼　釋曰小祭祀謂王玄冕所祭則小宗伯享掌掌
其事其法如大宗伯也　大賓至之齎　注謂所至
財物　釋曰此謂諸侯來朝覲礼畢每国於廟貢国
所有行三享之礼諸侯以玉幣致享既訖其庭實之
物則小宗伯受之以東故云受其將幣之齎也　若
大至主車　釋曰言大師者大起軍師以征伐云帥
有司而立軍社者謂小宗伯師領有司大祝而立軍
社載於齋車以行云奉主車者謂遷廟主亦載於齋
車以行也　注有司至將行　釋曰鄭知有司是大
祝者見大祝職云大師設軍社故也鄭知王出軍必

敬

先有事於社及遷廟而以其主行者見大誓及王制將出軍皆云類於上帝宜於社又曾子問云以遷廟主行載於齊車故知也云社主曰軍社者以其載社在於軍中故以軍社言之云遷主曰祖者此經直云奉主車雖不云祖鄭意欲取尚書賞於祖爲證故先言遷主曰祖也引春秋者定四年召陵之會將會衛子行敬子言於靈公曰會同難其使祝佗從祝佗曰君以軍行祓社釁鼓祝奉以從若君行師從卿行旅從祝不出境祝佗言此者欲見召陵之會是朝聘吉行大祝不合行意將靈公抑遣行祝佗遂行引者欲

見此經有司立軍社是大祝之事也引曾子問者欲見軍行天子諸侯皆用遷廟木主行之意也尚書者是甘誓啓與有扈戰於甘之野誓士衆之辭引之者欲見軍行須軍社遷主也云社之主蓋用石爲之者案許慎云今山陽俗祠有石主彼雖施於神祠要有石主主類其社社既以土爲壇石是土之類故鄭云社主蓋以石之無正文故云蓋以疑之也云奉謂將行者以曾子問云載於齊車文尚書用命賞於祖故知奉謂將行也　若軍至四望。釋曰其四望者謂五嶽四鎮四瀆王軍將有事與敵合戰之時則小

宗伯與祭有司大祝之等祭四望之神以求福但四
望之神去戰處遠者不必祭之主之戰處要有近之
者祭之故以四望言之也　注軍將至與焉　釋曰
先鄭以與祭以上絶讀之若然則與祭者與祭何神
乎其有司將事於四望則有司自有事於四望矣不
干小宗伯輒於此言之見何義也於義不然故鄭合
為一事解之也鄭知有司是大祝者案大祝職云大
師國將有於四望與此義同故知有司大祝知司馬
實典之者以其軍事是司馬所掌故知司馬實典主
其事也無正文故云蓋以疑之也　若大至領會

釋曰言大甸者天子四時田獵也　云則帥有司而饁獸于郊者謂田在四郊之外田訖以禽獸饋於郊者將入國過四郊〻〻皆有天地日月山川之位便以獸薦於神位以歆神非正祭直是野饁獸於郊云遂頒禽者因事曰遂以在郊饁獸訖入至澤宮中而射以主皮行班餘獲射之禮故云遂頒禽　注甸讀至分之　釋曰甸者以郊外曰甸獵在甸地故云甸今讀曰田者義將兩兼非直獵在甸地亦得取田義以其似治田去不秀實故以田言之云有司大司馬之屬者以其軍事是司馬之事故大司馬職云徒弊致

禽饁獸於郊故知大司馬之屬但小宗伯不可帥大司馬身故知所帥者司馬之屬官故以之屬言之也云四方之神者即天地山川之等云郊有羣神之兆者上文兆五帝於四郊四類四望亦如之兆山川丘陵各於其方是羣神之兆也引詩傳者證頒禽之義書傳亦云焉　大烖至神示　釋曰云大烖者謂國遭水火及年穀不熟則禱祠於上下天地神祇　注執事至禱祠　釋曰鄭知執事之中大祝及男巫女巫者見大祝職云國有大故天烖彌祀社稷司巫云国大烖則帥巫而造巫恒男巫職中雖無事其司

巫所帥者即帥男巫也女巫職云凡邦之大烖歌哭
而請是以鄭君歷而言焉以充事也云求福曰禱得
求曰祠兩言之者欲見初禱後得福則祠之也　王
崩至鬯渳　注鄭司農至伸之　釋曰先鄭與子春
所解皆不釋肆字故後鄭就足之特解肆為始陳尸
伸之者肆訓為陳為伸故也必用秬鬯者以死者人
所惡故以秬鬯浴尸使之香也大祝職云大喪始崩
以肆鬯渳尸小祝又云大喪贊渳彼二官已掌之此
言之者察其不如儀也　及執至而佐　注執事至
相助　釋曰鄭知執事是大祝之屬者案大祝職云

大喪贊斂明大祝執事小宗伯從之云親斂者蓋事官之屬爲之者以其諸處更不見主斂事者事官又主工巧之事以無正文故疑事官之屬爲之也引喪大記者以天子之喪大小斂稱數無文故約諸侯法推出天子斂之稱數也案喪大記注小斂十九稱法天地之成數故尊卑同至於襲與大斂乃異大斂五等諸侯同百稱天子蓋百二十稱也天子大夫士約與諸侯之卿大夫士同以其執贄同故祿與廟數及襲斂亦無嫌也云異族佐斂蹕者可以相助者 此異族據姓而言之

周禮疏卷第三十

周禮疏卷第二十一

唐朝散大夫行大學博士弘文館學士臣賈　公彥等撰

縣衰至之外　釋曰式謂制及色故鄭云制色宜齊同知式中兼有色者案礼記問喪云斬衰貌若苴齊衰貌若枲斉斬之衰其色亦如貌故鄭知式中兼有色也但冠不據色是以喪服傳云冠六升鍛而勿灰明不色如苴也縣衰冠大僕云縣喪首服之法于宮門注云首服謂免髽笄總廣狹長短之數與此不同故彼别縣之也及執至哭之　釋曰此文承衰冠之下卜葬之上謂既殯之後事故禮記檀弓云既殯旬

而布材與明器云執事眡葬獻器遂哭之謂獻明器之時小宗伯哭此明器哀其生死異也　注執事至代之　釋曰鄭知執事是梓匠之屬者以其明器所為是工巧之事梓人匠人是主工巧故知是梓匠也言之屬者冬官摠主人工事故以之屬兼之但無正文故云蓋以疑之也云至將葬獻明器之材者亦約檀弓云既殯旬而布材故知將葬獻材也又知獻素獻成皆於殯門外者見士喪礼云獻材于殯門外西面北上綪主人徧視之如哭椁獻素獻成亦如之注云形法定為素飾治畢為成是其事也云王不親哭

有官代之者按士喪礼主人親哭以無官此王不親哭以其有官有官即小宗伯哭之是也　卜葬至如之　釋曰王喪七月而葬將葬先卜墓之塋兆故云卜葬兆也云甫窆者既得吉而始穿地爲壙故云甫窆也云亦如之者亦如上明器哭之但明器材器於殯門外此卜葬地在壙所則哭亦與在殯所哭之相似故云亦如之　注兆墓至之解　釋曰孝經云卜其宅兆注兆以爲龜兆解之此兆爲墓塋兆者彼此義得兩合相兼乃具故注各據一邊而言也鄭大夫讀窆皆爲穿此經唯有一窆而云皆并下冢人甫窆

皆為穿也杜子春讀窆為毳〃亦是穿當時有此語後鄭從之故云皆謂葬穿壙也云今南陽名穿地為窆〃聲如腐脃之脃者時南陽郡人名穿地為窆〃之聲如腐脃之脃則以窆為脃也注喪祭至祖父　釋曰鄭知喪祭是虞祔也者以文承卜葬之下成葬之上其中唯有虞祔而已故以虞祔解之也檀弓曰葬日虞弗忍一日離也者自始死至葬前未忍異於生故無尸而設奠象生時薦奠於坐前也既葬送形而往迎魂而反日中而虞者鄭注士虞禮云虞安也所以安神是也葬之朝為大遣奠及日中而虞是不忍

一日使父母精神離散故云不忍一日離也云是日也以虞易奠者以士虞礼云男〻尸女〻尸爲神象鬼神事之是以虞易奠也云卒哭日成事是日也以吉祭易喪祭者案士虞礼三虞卒哭他用剛日云哀薦成事故檀弓記人解士虞礼云卒哭日成事祭以吉爲成故云是日也以吉祭易喪祭虞祭是也云明日祔於祖父者引之證經喪祭爲虞祭又爲祔祭士之礼葬用柔日假令丁日葬〻日爲第一虞隔戊日己日爲第二虞後虞改用剛日庚日卒哭亦用剛日隔辛日壬日爲卒哭祭其祔祭又用柔日則癸日爲祔祭

是士從始虞至祔日摠用七日以此差之大夫五虞諸侯七虞天子九虞相次日數可知耳此喪中自相對虞為喪祭卒哭即為吉祭以其卒去無時哭哀殺故為吉祭若喪中對二十八月復平常為吉祭則禫祭已前皆為喪祭也若然喪中自相對虞為喪祭卒哭為吉祭而鄭云喪祭虞祔并祔祭亦為喪祭者此鄭欲引檀弓并祔祭摠釋故喪中之祭摠為喪祭而言其實卒哭既為吉祭祔祭在卒哭後是吉祭可知也

成葬至為位　釋曰云成葬者謂造丘墳已訖以王之靈柩託於此土故祭后土之神使安祐之當

設祭位於墓左也　注成葬至之尸　釋曰成葬丘已封也者案冢人以爵等為丘封之度據彼有丘封之文故依而言之云天子之冢蓋不一日而畢者案檀弓云有司以几筵舍奠於墓左反日中而虞注云所使奠墓有司來歸乃虞也則虞祭在奠墓後以其士之墳蓋高四尺故日中虞祭待奠墓有司來歸此上文既云詔相喪祭則虞祭訖矣於下乃云成葬祭墓為位則虞祭不待奠墓有司來歸者由天子之冢高大蓋不一日而畢故設經喪祭在成葬之上也引冢人職者證祭墓為位時冢人為尸以祭后土也

凡王至爲位　釋曰言王有會同軍旅田役之事皆有禱祠之法云肄儀爲位者數者禱祠皆須豫習威儀乃爲之故云肄儀也當習威儀之時則小宗伯爲位也　國有至如之　釋曰禍烖謂國遭水火凶荒則有禱祈之事故云亦如之　凡天至爲位　釋曰天烖謂日月食星辰奔殞地烖謂震裂則類祭社稷及宗廟則亦小宗伯爲位祭之　注禱祈至爲之　釋曰凡言類者皆謂依事類而爲之但求福曰禱々輕得求曰祠禮重則祠者依正祭之禮也則禱禮輕者雖依正禮祭饌略少　凡國至之儀　釋曰凡言

大禮者王親爲之者小礼者羣臣攝而為之者小礼小宗伯專掌其事其法如大宗伯之儀俱非王親行則謂之小禮也　肆師至宗伯　釋曰肆師是宗伯之考每事皆佐宗伯此經與下為目其立國祀之禮則下經所云立大祀已下是也　立大至用牲　釋曰此則佐宗伯之事案大宗伯有禋祀已下并宗廟六享之事此肆師陳用玉帛牲牷之等　注鄭司農至百物　釋曰司農云大祀天地至司命以下先鄭據大宗伯直據天神大次小而言唯天神中兼言地而已其於地示不言次小人鬼之中又不言大次小

故後鄭就足之耳後鄭云大祀又有宗廟者以其先鄭於大祀中無人鬼故後鄭特舉之云次祀又有社稷五祀五嶽者此後鄭特舉社稷已下者以先鄭次祀中不言血祭社稷已下故也云小祀又有司中風師雨師山川百物者此後鄭見先鄭天神小祀中唯云司命以下其言不備故具之山川百物就足先鄭地示小祀耳若然後鄭直云大祀又有宗廟更不言宗廟次小祀者但宗廟次祀即先公是也不言之者已於酒正云次祀鷩冕毳冕所祭已具於彼故也又不言宗廟小祀者宗廟小祀其神不明馬君雖云宗

廟小祀殤與無後無明文故後鄭亦不言也經言立
大祀用玉帛牲牷者天神中非直有升煙玉帛牲亦
兼有礼神玉帛牲也宗廟中無煙瘞埋直有礼神幣
帛與牲又不見有礼神之玉或可以灌圭爲礼神之
玉亦通一塗立次祀用牲幣者天神日月星辰地示
血祭社稷五祀五岳是也宗廟次祀已下與大祀同
亦直有礼神幣帛而已以歲至祈珥　釋曰言歲時
序其祭祀者即上立大祀已下至小祀皆依歲之四
時次序其大小先後也及其釗珥謂釁礼之事用毛
牲即曰釗用羽牲即曰衈　注序第至社也　釋曰

云序第次其先後者不必先大後小天地人之鬼神各有大次小或小而應先或大而應後各自當其時以祭之故云第次其先後也云故書祈為幾杜子春讀幾當為祈珥爲餌者皆無義所取故鄭不從之也玄謂祈當為進禨之禨者案礼記玉藻沐畢云進禨鄭以為沐而飲酒曰禨彼禨爲禨福之義此直取音讀不取其義云珥當為衈者經言珥是玉珥非取血之義故讀從雜記下血傍為之也云雜記曰成廟則釁之雍人舉羊升屋自中者謂升上其屋當屋脊之中央云門夾室皆用雞者謂廟門及兩廂夾室三處

皆用雞其衈皆於屋下者謂三處皆不升屋而在屋
下殺雞也云割雞門當門夾室中室者中謂當室中
央云然則是禨謂羊血也者鄭旣引雜記之衈欲破
經珥及子春餌之意也小子職曰事珥于五祀是也
者引證血傍爲之以證衈義也其祈字猶不從故彼
注引秋官士師曰凡刉衈則奉犬牲毛牲曰刉羽牲
曰衈此刉衈正字與若然刉旣正字而讀從進禨者
且從故書我音耳至士師則爲正解也云春秋傳曰
者公羊傳文引之者謂證衈是　血以釁之事　大
祭至職人　釋曰肆師以將有天地宗廟大祭記牧

人以牲與充人之時肆師省閱其牲看完否及色堪爲祭牲乃繫於牢頒付于職人也　注展省至門人

釋曰鄭讀職爲樴者但三百六十官皆有職司若言職則無所指斥若爲樴爲聲謂置臯之時樴々然作聲故讀從樴可以繫牲者也云此樴人謂充人及監門人者案充人云祀五帝繫于牢芻之三月凡散祭祀之牲繫于国門使養之故知樴人是此二官也言此樴人對彼樴人不要是充人監門人也牛人所云樴人者彼鄭注充人并牧人在其中矣此有監門人者謂兼祭諸神司中之等　凡祭至如之　釋曰

凡祭祀之卜日謂天地宗廟之等將祭前有散齊七日致齊三日十日矣若然卜日吉則齊今云祭祀之卜日宿為期則是卜前之夕與卜者及諸執事者以明旦為期也云詔相其禮者謂肆師詔告相助其卜之威儀及齊戒之礼云眡滌濯亦如之者謂祭前之夕視滌濯祭器亦詔相其礼故云亦如之　祭之至息者　釋曰云祭之日表齍盛告絜者當祭之日旦其黍稷等盛於簠簋陳於廟堂東又以徽識表之名又告絜淨云展器陳告備者謂祭日旦於堂東陳祭器實之既訖則又展省視之而告備具故云展器

陳告備也云及果築鬻者謂於宗廟有祼案礼記雜記築鬱臼以椈杵以梧而築鬱金煑以和秬鬯之酒以沛之而祼矣云相治小礼者謂羣臣行事則肆師相治之云誅其慢怠者謂執事之人有惰慢懈怠者則誅責之　注粢六至為鬯　釋曰爾雅云粢稷也彼特訓粢為稷者以稷為五穀之長其揔而言之六穀皆是粢故此經揔六穀為粢故鄭云粢六穀也案食醫和王六食黍稷稻梁麥苽六食即膳夫云六穀一物故鄭云六穀也鄭司農云築煑築香草煑以為鬯者此言築鬻謂鬱人云祼事和鬱鬯謂取鬱金煑和

祀鬯之酒泲以祼神及賓客故二鄭俱言之云皆謂徽識也者以剽表字雖不同俱是徽識也於六粢之上皆爲徽識小旌書其黍稷之名以表之餘饌不表獨此表之者以其餘器所盛名異覩器則知其實此六穀者簠盛稻粱簋盛黍稷皆有會蓋覆之覩器不知其實故特須表顯之也但鬱人自掌鬱此又掌之者彼官正職此肆師察其不如儀者也　掌兆至禁令　釋曰案小宗伯云兆五帝於四郊已下則四郊之上神兆多矣皆掌不得使人干犯神位七廟亦然故云掌其禁令也　注兆壇塋域　釋曰凡爲壇者

四面皆塋域圍之若宮牆然故云兆壇塋域也　大賓至築鬻　釋曰案大行人云上公再祼而酢侯伯一祼而酢子男一祼不不酢大宗伯云大賓客攝而載祼則此官至以築鬱金煑之和鬯酒也筵几云臨謂司几筵設之肆師臨之也　注此王至賓客　釋曰言此以對彼彼則上經築鬻礼宗廟神也賛果將　注酌鬱至載祼　釋曰此據大宗伯攝而言案小宰亦云賓客賛祼者容有故相代也　大朝覲佐儐　注爲承儐　釋曰此言大朝覲爲承儐謂大會同朝覲時若四時常朝則小行人爲承儐小行人所云者

是也　共設至之禮　釋曰此肆師不掌飲食而共設者肆師主礼事謂依礼使掌客之等及諸官告設之也　注設於至致饗　釋曰鄭知設於賓客之館者凡待賓客之礼饗食在廟其器下用匪罋今言共設匪罋明是王不親饗食於賓館設之可知引公食礼者欲見此經與彼同同是不親食之事又欲破篚從筐之事也云字之誤與者無正文約同彼故云與以疑之也云禮不親饗則以酬幣致之者此亦公食大夫礼文云或者匪以致饗者鄭君向引公食大夫須破匪從筐又言饗礼者饗礼亡無妨致饗時用匪

不用笾俎血正文故云或以疑之也　饗食授祭
注授賓祭肺　釋曰饗者亨大牢以飲賓獻依命數
食者亦亨大牢以食賓舉依命數云授祭者祭謂祭
先造食者案膳夫云授王祭則此授祭者非授王可
知故鄭云授賓祭肺也必知祭肺者有虞氏祭首夏
后氏祭心殷祭肝周祭肺〻周所祭故知祭者祭肺
也與祝至及郊　釋曰候者候迎善祥禳者禳去殃
氣故肆師與小祝爲此候禳二事于疆及郊凡候禳
從内向外應先言郊後言疆今先言疆到言之者可
遠則遠可近則近任當時之宜故到文以見義也

注侯禳至十里　釋曰知畺五百里者王畿千里中置國城面五百里故大司馬云方千里曰國畿也知遠郊百里者司馬法文知近郊五十里者案尚書君陳序云分正東郊成周鄭彼注云成周在近郊五十里案今河南洛陽相去則然以其漢法於王城置河南縣於成周置洛陽縣相去見五十里是近郊五十里故云東郊也大喪至築鬻　釋曰上小宗伯大喪以鬯渳則肆師與之築鬻鬱金香草和鬯酒以浴尸使之香也　令外至序哭　釋曰案下注六卿以出及朝廷卿大夫妻皆為外命婦其內命婦即下經內命

女是也謂三夫人已下至女御也　注序使相次秩

釋曰哭法以服之輕重為先後若然則内命婦為王

斬衰居前諸臣之妻從服齊衰者居後也　禁外至

之杖　釋曰外内命男女為王雖有齊斬不同其衰

皆有升數多少及裁制故禁之使依法也云且授之

杖者外内命男及内命女皆為王斬者有杖授之其

外命女為王齊衰無杖故云且見不定之義也　注

外命至制云　釋曰云内外男女者無正文鄭以意

言之以王宫為正朝廷在王宫内為内命男故以六

鄉六遂及公邑大夫等皆為外命男其妻總為外命

女者此對三夫人已下既爲内命女則此朝廷及六
卿以外卿大夫妻爲外命女可知云喪服爲夫之君
齊衰不杖者是喪服不杖齊衰章文云内命女王之
三夫人以下者通九嬪二十七世婦八十一御妻皆
爲王斬衰而杖也云不中法違升數與裁制者諸臣
妻爲夫之君義服衰六升諸臣爲王義服斬衰〻三
升半冠六升三夫人已下爲王正服斬衰〻三升是
其數也言裁制者據喪服云凡衰外削幅裳内削幅
幅三袧已下具有裁制司農所云三日授子杖五日
授大夫杖七日授士杖雖云舊說仍是四制之文也

玄謂王喪依諸侯者王喪諸臣等無授杖之日數以諸侯之臣與王之臣同斬衰杖竹故授杖日數亦宜同也以檀弓云天子崩三日祝先服鄭注云祝佐含斂先病明子與夫人亦服矣則天子之子及后亦服矣五日官長服注官長大夫士明天子三公已下及三夫人已下亦服矣但杖俱時有服即杖矣唯天子服授杖亦當七日矣是從王喪約同諸侯之法也

凡師至為位　釋曰師謂出師征伐句謂四時田獵二者在外或有祈請皆當用牲社及宗廟皆肆師為位祭也　注社軍至宗廟　釋曰云社軍社也者

在軍不用命，戮於社。又君以軍行，祓社釁鼓，故名軍社也。鄭知宗遷主者，曾子問云：師行必以遷廟主行，載于齊車。故知遷主也。尚書傳曰「王升舟」已下者，謂說武王於文王受命十一年觀兵之時，武王於孟津渡河，升舟入水，在前鼓鍾亞，亞王舟，後觀臺亞者，觀臺可以望氣祥，亞鼓鍾後將舟亞者，以社主主殺戮，而軍將同，故名社主爲將將舟，在亞觀臺後宗廟亞者，宗廟則遷主也，亞在將舟後列之者，證在軍有社及宗之意也。異義公羊說：天子有三臺，有靈臺所以觀天文，有時臺以觀四時施化，有囿臺所以觀鳥獸

武

無靈諸侯卑無靈臺不得觀天文有時臺囿臺左氏
説天子有靈臺諸侯有觀臺若然文王時已有靈臺
今武王而曰觀臺者鄭君之意觀臺則靈臺對文有
異散文則通　類造至如之　釋曰上經用牲於社
宗據在軍下云師不功據敗退後即此經據尅勝後
事告天及社之事　注造猶至牧室　釋曰諸文皆
云造于禰類于上帝造屬於禰此以類造同云于上
帝則造與類同屬于上帝故鄭云造猶即與造門之
造同也云為兆以類禮即祭上帝者若依國四郊則
自有尋常兆域今戰訖而祭故須新為壇兆故鄭云

為兆也鄭知類礼依郊祀而為之者此直是告祭非
常非是禱祈之祈祭故知依正礼郊祀而為之謂四
時迎氣於四郊皆是也云大神社及方岳知者以其
命所報告皆是出時告者以出時類于上帝宜于社
造於禰今人神文在上帝下而云封祭之明是社也
知兼有方岳者見小宗伯云軍將有事于四望謂將
戰時今戰訖所告明兼祭方岳方岳即四望也云山
川蓋軍之所依止者以其山川衆多不可並祭軍旅
思險阻軍止必依山川故知祭軍所依止者也云大
傳者礼記大傳篇云牧之野武王之大事也者牧誓

序云時甲子昧爽武王與受戰於牧野鄭注云紂近郊三十里名牧是武王伐紂之事故云大事云既事而退者武王與紂於牧地戰紂敗退入紂都自焚於宣室武王入紂都既封建乃退向牧地而柴於上帝者以實柴祭帝即此經類于上帝一也云祈于社者即此經封于大神一也云設奠於牧室者謂祭行主文王於牧野之室於此文無所當連引之者欲見此經亦當有祭行主不言者文不備也凡師至主車釋曰師不功謂戰敗云助牽主車者主中有二爲社之石主遷廟木主也　注助々至所得　釋曰知助

助大司馬也者案大司馬職云若師不功則厭而奉主車故知此肆師助大司馬也若然案小宗伯云立軍社奉主車謂未敗時若敗即大司馬奉之　凡四至爲位　釋曰案大司馬仲冬教大閱教戰訖入防將田既陳乃設驅逆之車有司馬表貉于陳前此時肆師爲位而祭也　注貉師至黄帝　釋曰知貉師祭也者爾雅云是類是禡故知貉爲師祭也云貉讀爲十百之百者鄭以聲讀之必名此祭爲貉者以其取應十得百爲十倍之義云祭造軍法者凡言祭者祭先明是先世創首造軍法者也　云禱氣勢之增

信也者謂禱祈使師有氣勢望得所獲增益十倍還
釋貉字之意也云其神蓋蚩尤或曰黃帝者案史記黃
帝與蚩尤戰于涿鹿之野俱是造兵之首案王制云
天子將出類乎上帝注云帝謂五德之帝是黃德帝
以所類則貉祭今蚩尤是以公羊說曰師出曰祠兵
入曰振旅祠者祠五兵矛戟劍楯弓鼓及祠蚩尤之
造兵者謹案三朝記曰蚩尤庶人之強者何兵之能
造故鄭云或曰黃帝也故禮說云黃帝以德行蚩尤
與黃帝戰亦是造兵之首故從高亦祭黃帝蚩尤於
所庭也　甞之至之芟　釋曰秋祭曰甞以其物新

熟可嘗而為祭名也正當嘗祭日肆師涖卜來歲之
芟者以其餘事卜則大宗伯涖卜或大卜涖卜此及
下三事皆肆師涖卜也則陳龜貞龜命龜示高作龜
使卜師卜人之等為之　注芟々至澤澤　釋曰芟
草對柞是殺木引詩者欲見載芟即此經芟也云載
柞者柞是除木於經雖無所當欲見有草則芟之有
木則柞之皆是治田以稼種故并言之也　云其耕澤
澤者既除草木則耕之澤澤和柔也　獮之至之戒
釋曰謂肆師正當出獮田之日則卜來歲之戒　不
虞之事　注秋田至之備　釋曰秋田曰獮大司馬

職文云始習兵戒不虞者鄭解不於春茇夏苗准卜
來歲之戒必於秋獮之日爲戒者以其春教振旅夏
教茇舍非正習兵秋教治兵之日故於是戒不虞世
言不虞者虞度也以兵寇之事來否不可億度皆豫
戒備之故鄭云卜者問後歲兵寇之備也　社之至
之稼　釋曰類上文皆獮是秋則此社亦是秋祭社
之日也言准卜來歲之稼者祭社有二時謂春祈秋
報々者報其成熟之功今卜者來歲亦如今年宜稼
以不但春稼秋穡不言穡而言稼者秋穡由於春稼
而言之　注社祭至所宜　釋曰案郊特牲云社祭土

而主陰氣也取財於地取法於天又孝經緯云社者
五土之揔神故云社祭土而取財焉　若國至人祭
注大故至禜酺　釋曰知大故是水旱凶荒者以
其命国人祭明大故是天下皆有故知水旱凶荒凶
荒謂年穀不熟知所命祭是社及禜酺者經云命國
人祭案地官州祭社黨祭禜族祭酺於六遂之中亦
縣祭社鄙祭禜酇祭酺皆是國人所祭之事也　歲
時至如之　釋曰云歲時之祭祀者上經據禱祈非
時祭故此經見其常祭也云亦如之者亦命國人祭
也　注月令至一隅　釋曰凡言歲時者謂歲之四

時月令唯見一時故鄭云此其一隅也若然月令唯言春者特舉春祈而言舉一隅可以三隅反則餘三時亦祭也　凡卿至其礼　注相其適子　釋曰鄭知相適子者庶子無事適子則有拜賓送賓之事且卿大夫適子為天子斬衰故知所相者適子也　凡国至宗伯　釋曰案小宗伯已云佐宗伯此又言之者但肆師與小宗伯中下大夫命數是一故二人同佐宗伯無婦也案大宗伯云治其大礼小宗伯云相治小礼此又云治其禮儀者謂佐大小宗伯治之謹習其事也　凡国至之禮　釋曰此一經茭職事不揔

結之也　鬱人掌祼器　注祼器至與瓚　釋曰知祼器中有彝及舟者此經下文云和鬱鬯以實彝文見司尊彝云春祠夏禴祼用雞彝鳥彝皆有舟秋冬及追享朝享皆云焉故知有彝舟也知有瓚者案礼記王制云諸侯賜圭瓚然後爲鬯尚書序云平王錫晉文侯秬鬯圭瓚皆與秬鬯相將即下文祼玉是也故知祼器中有瓚瓚則兼圭瓚璋瓚也　凡祭至陳之　釋曰天地大神至尊不祼至於山川及門社等事在鬯人亦無祼事此云祭祀唯據宗廟耳其賓客祼則大行人云公再祼之等是也　云和鬱鬯者謂和

鬯人所造秬黍之鬯酒也為宗廟賓客用鬱者則肆
師築鬱金草煮之以和鬯酒更和以盎齊泲之以實
彝陳於廟中饗賓客及祭宗廟之處也　注築鬱至
若蘭　釋曰鄭知築鬱金草煮之者見肆師云築鬻
故知之也司農云十葉為貫百二十貫為築者未知
出何文云以煮之鐎中停於祭前者此似直煮鬱停
之無鬯酒者文略其實和鬯酒也云鬱為草若蘭者
蘭則蘭芝以其俱是香草故比類言之案王度記云
天子以鬯諸侯以薰大夫以蘭芝士以蕭庶人以艾
此等皆以和酒諸侯以薰謂未得圭瓚之賜得賜則

以鬱耳王度記云天子以鬯及礼緯云鬯草生庭皆
是鬱金之草以其和鬯酒因號為鬯草也　凡祼至祼
事　釋曰此祼玉即圭瓚是也故玉人典瑞皆云祼
圭尺有二寸礼記郊特牲云灌以圭璋用玉氣也
注祼玉至璋瓚　釋曰案礼記祭統云君用圭瓚祼
尸大宗用璋瓚亞祼鄭云大宗亞祼容夫人有故攝
焉若然王用瓚后用璋瓚可知故鄭并言之也　詔
祼至其節　釋曰云祼將之儀者即是奉玉送祼之
威儀云節者即早晚時節故兩言之　注節謂至之
時　釋曰云奉王謂玉與后祼時奉瓚而酌鬱鬯云

送祼者謂送之以授尸尸得祭之嚌之奠之不飲故上文司農云停於祭前也凡祼事沃盥　釋曰凡言非一若賓客則大宗伯祼若祭祀王及后祼皆鬱人沃以水盥手及洗瓚也　大喪至肆器　注肆器至夷盤　釋曰肆訓爲陳故鄭云謂陳尸之器也　云喪大記云君設大盤造冰焉大夫設夷盤造冰焉者此謂二月已後至八月鄭注喪大記造猶内也引儀礼大盤廣八尺長丈二深三尺赤中夷盤小焉云士併瓦盤無冰者則盛水以寒尸　士喪礼君賜冰用夷盤云設牀襢第有枕者此謂陳尸之牀設冰於其下云

天子亦用夷盤者凌人職云大喪共夷盤冰此夷盤則諸侯大盤之類與大夫夷盤同名耳大小則異也

及葬至貍之　注遣奠至於此　釋曰知葬共祼器據遣奠時者以葬時不見有設奠之事祖祭已前奠小不合有彝器奠之大者唯有遣奠故知於始祖廟中厥明將葬之時設大遣奠有此祼器也此即司尊彝云大喪存奠彝者是也以奠無尸直陳之於奠處耳言貍之於祖廟階閒者此案曾子問無遷主者以幣帛皮圭以爲主命行反遂貍之於祖廟兩階之閒此大遣奠在始祖廟事訖明亦貍之於階閒也云

明奠終於此者自此已前不忍異於生設奠象生
而無尸自此已後葬訖反日中而虞則有尸故士虞
礼云男〻尸女〻尸以神事之謂之祭異於生故云
明奠終於此也　大祭至飲之　釋曰此大祭祀云
受嘏謂祭宗廟者也云與量人受舉嘏之卒爵而飲
之者謂王酳尸後尸嘏王之節也　注斝受至相成
釋曰鄭知斝是受福之嘏非天子奠斝彤爵名者案
郊特牲云舉斝角詔妥尸其時無鬱人量人受爵飲
之法唯有受嘏時受王卒爵飲之礼故破斝為受福
之嘏也　云王酳尸尸嘏王此其卒爵也者此約少牢

特牲礼故鄭即引少牢以為證也云少牢饋食礼主人受嘏詩懷之卒爵者天子諸侯祭有二灌朝踐饋獻大名二獻之事乃有隋厭迎尸入户尸食訖王酳尸大夫士無饋獻已前之事直有隋厭已後酳尸之事天子諸侯祭礼亡故隋厭已後取少牢特牲續之令獻欝人量之節當大夫獻祝及佐食之時云主人受嘏詩懷之者謂隋厭後迎尸入升席坐尸食訖主人酳尸〻酢主人在户東西面受尸酢時尸命祝嘏主人以大福遂以黍稷聑授主人詩承也主人承之内於懷中挂於季指乃拜而飲卒爵也云執爵以興

出宰夫以籩受嗇黍者嗇垂即所飲聚黍稷肺授之
者也云主人嘗之乃還獻祝此鬱人受王之卒爵亦
王出房時也者大夫士有獻祝及佐食無獻鬱人量
人法天子有獻鬱人量人之禮無獻祝及佐食之事
但其節同故引為證也云必與量人者鬱人贊祼尸
者即上文贊祼事詔祼將之儀是也云量人制從獻
之脯燔者案量人云凡祭祀饗賓制其從獻脯燔之
數量是也云事相成者前祼後獻祭事乃成故云事
相成也　鬯人至飾之　釋曰云掌共秬鬯者此直
共秬黍之酒無鬱也故注云不和鬱者也鄭知飾之

謂設巾者此上下雖無設巾之事案冪人云以疏布巾冪八尊以畫布巾冪六彝凡王巾皆黼凡尊皆有巾冪明秬鬯之酒尊亦設巾可知故知所飾者設巾也　凡祭至大疈　注壝謂至瓦甖　釋曰壝謂委土爲墠壇所以祭者謂四邊委土爲壝於中除地爲墠墠内作壇謂若三壇同墠之類也此經云社壝謂若封人及大司徒皆云社壝皆直見外壝而言也知大疈是瓦甖者旊人爲瓦簋據外神明此疈是亦用瓦取質略之意也　禜門用瓢齎　注禜謂至爲尊　釋曰鄭知禜謂營酇者欲見祭神非一取營酇而祭

之義故也鄭知門是国門者礼記祭法云天子祭七祀有国門故知也春秋傳者昭元年子産對彼先云山川後云日月此先云日月者鄭君所讀春秋先日月與賈服傳不同故也彼無不時此有之者鄭以義增之非傳文引之者證禜是營鄭而祭之義引莊二十五年傳者證有門之義但彼譏伐鼓用牲其大水祭門是也玄謂齍讀爲齋者以其劑齊爲尊亦取質略之意故不從子春也廟用至用散　注裸當至曰散　釋曰鄭破裸爲埋者若裸則用鬱當用彝尊不合在此而用概尊故破從埋也埋謂祭山林則山川

用蜃者大山川司農云脩謨概散皆器名者先鄭從
古云謨後鄭亦不從之矣玄謂廟用脩者謂始禘時
者謂練祭後遷廟時以其宗廟之祭從自始死已来
無祭今為遷廟以新死者木主入廟特為此祭故云
始禘時也以三年喪畢明年春禘為終禘故云始也
云自饋食始者天子諸侯之祭自灌始有朝踐饋獻
乃有饋食進黍稷大夫士禮無饋獻已前事直有饋
食始即特牲少牢皆云饋食之礼是也今以喪中為
吉祭不可與吉時同故略同大夫士礼且案大宗伯
宗廟六享皆以祼為始當在鬱人用彝今不用鬱在

鬯人用卣尊故知略用饋食始也若然鄭知義遷廟在練時者案文二年穀梁傳云作主壞廟有時日於練焉壞廟壞廟之道易檐可也改塗可也爾時木主新入廟禘祭之是以左氏說凡君薨祔而作主特祀主於寢畢三時之祭朞年然後烝嘗禘於廟許慎云左氏說與禮同鄭無駁明用此禮同義與穀梁傳合賈服以爲三年終禘遭烝嘗則行祭禮與前解違非鄭義也鄭知脩蜃概散皆漆尊也者以稱散凡物無飾曰散直有漆明概蜃之等漆外別有飾故知皆尊也鄭以脩從卣者詩與尚書及爾雅皆爲卣脩字於

尊義無所取故從卣也云卣中尊謂獻象之屬者案下司尊彝職云春祠夏禴祼用雞彝鳥彝朝踐用兩獻尊饋獻用兩象尊皆有罍諸臣之所酢是尊者彝爲上罍爲下獻象之屬在其中故云中尊獻象之屬更云彝爲上罍爲下者欲推出卣爲中尊之意也云之屬者秋冬及追享朝享皆彝爲上罍爲下著尊壺尊之等在其中也云蜃畫爲蜃形者亦謂漆畫之云蚌曰含漿尊之象者蚌蛤一名含漿含漿則是容酒之類故畫爲蜃而尊名也云概尊以朱帶者玄纁相對既是黑漆爲尊以朱帶落腹故名概概者横概之

義故知落腹也云無飾曰散者以對概蜃獻象之等有異物之飾此無故曰散云鬸事者即大宗伯云鬸辜祭四方百物者也　大喪至釁鬯　注斗所至為徽　釋曰鄭云釁尸以鬯酒使之香美者案肆師云大喪築鬻則此鬯酒中兼有鬱金香草故得香美也司農云釁讀為徽者以鬯釁尸故以徽為莊飾義也

凡三至秬鬯　注給淬浴　釋曰鄭知王齊以鬯為洗浴以其鬯酒非如三酒可飲之物大喪以鬯浴尸明此亦給王洗浴使之香美也　凡王至介鬯　釋曰介副也王弔臨諸臣則有副使從行者天子所

徃停在諸侯之廟祝致辭告廟介使則進此鬯於神前故云介鬯　注以尊至進鬯　釋曰云以尊適卑曰臨者欲解臨非如雜記云上客臨彼謂哭臨也此王吊諸侯諸臣故以〻尊適卑解之引春秋者昭三年春晏嬰辭引之者證以尊適卑稱臨之義司農云鬯香草者見王度記云天子以鬯諸侯以薰礼緯亦云鬯草生庭故知鬯香草也此直是秬鬯無香草故後鄭不從也云王行吊喪被之故曰介者先鄭之意以介為被似若春秋被練之義故云被之後鄭亦不從云謂曲礼曰者下曲礼文云摯天子鬯者彼摯下

與天子鬯諸侯圭卿羔已下為自此天子以鬯為摯
若卿羔之類但天子至尊不自執使介為執摯致之以
礼於鬼神與者無正文蓋置於神前故云與以疑之
云檀弓曰者此并下曲礼文言檀弓者誤案彼注云
眕致也謂使祝告至于鬼神王至尊臣不名君故云
某父且字也　雞人至其物注物謂至用黝　釋曰
陽祀用騂陰祀用黝者牧人文彼注云陽祀祭天於
南郊及宗廟陰祀祭地北郊及社稷也鄭舉此二者
其望祀各以其方色牲及四時迎氣皆隨其方色亦
辨其毛物可知也　大祭至百官注夜々至夙興

釋曰漏未盡者謂漏未盡三刻已前仍為夜則呼旦也漏刻之義具挈壺氏　凡国至之時　注象雞告之　釋曰引少牢曰者謂祭前之夕示主礼官請主人祭期主人曰比於子者謂次比其日數時節由子則宗人也宗人即告期曰旦明行事其賓祭期由宗人宗人請主人者敬主人若不敢自由然故讓之也案庭燎詩注王有雞人之官凡国事為期則告之以時王不正其官而問夜早晚非也案齊詩東方未明序云東方未明刺無節也朝庭興居無節號令不時挈壺氏不能掌其職焉注云挈壺氏掌漏刻者彼

不云雞人者案挈壺氏云凡軍事懸壺無告期之事
則天子備官挈壺直掌漏刻之節雞人告期彼齊詩
是諸侯兼官故挈壺氏兼告期也　凡祭祀至雞牲
釋曰云凡祭祀面禳者祭祀謂宗廟之屬面禳謂祈
禱之屬　注釁釁至爲徽　釋曰鄭云釁釁廟之屬
者言之屬則釁鼓釁甲兵皆在其中釁廟以羊已下
雜記文司農云面禳四面禳則候禳禳謂禳去惡祥
也云釁讀爲徽者亦謂以徽爲飾治之義也

周禮疏卷第二十一

周禮正義

廿二之廿三

廿二之 廿三

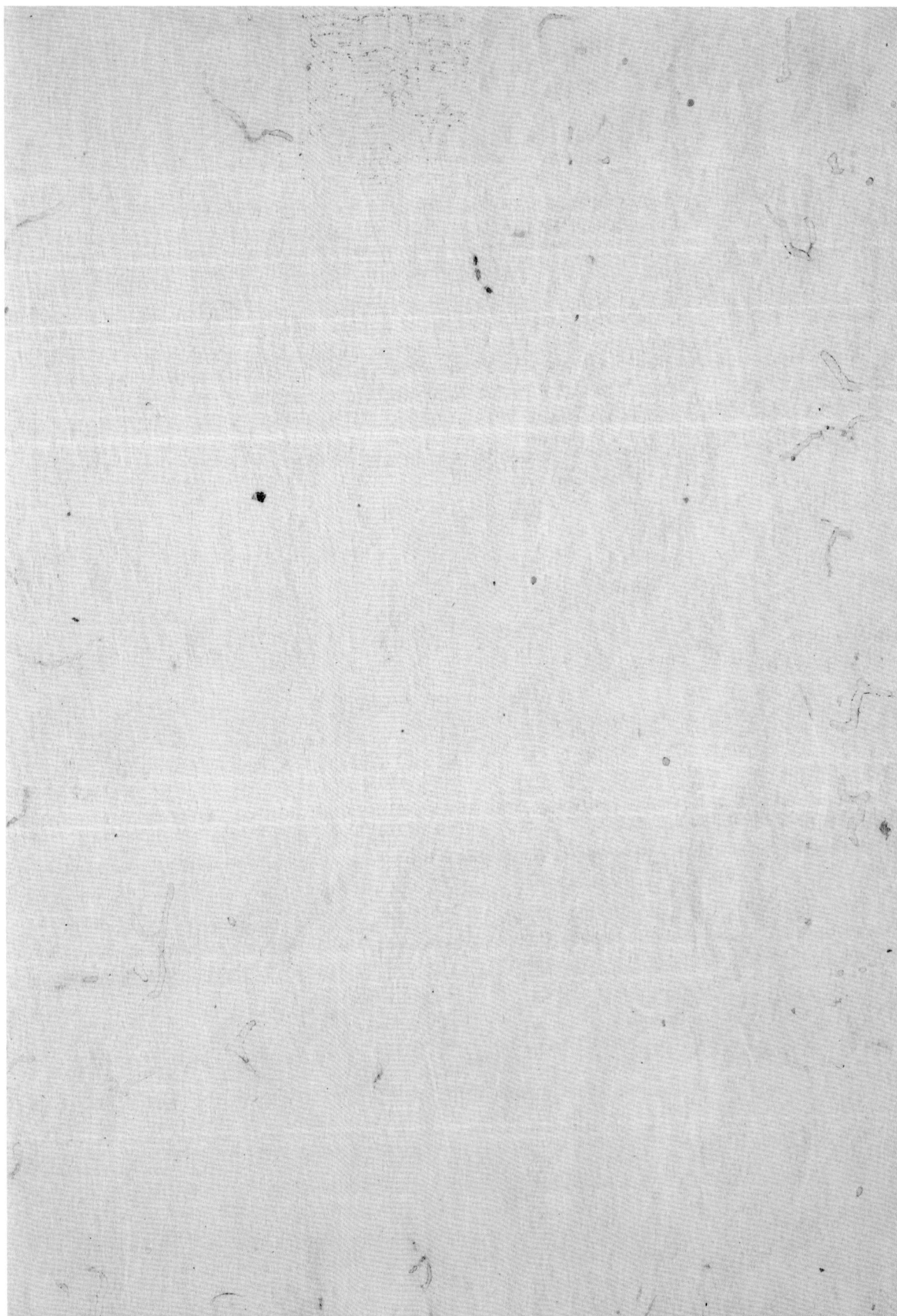

周禮疏卷第二十二

唐朝散大夫行大學博士弘文館學士臣賈公彥等撰

司尊彝至其實　釋曰此經與下文爲目直云六彝六尊案下兼有罍尊不言者文略也　注位所至之處　釋曰云位所陳之處者此下經不見陳尊之處案礼運云玄酒在室醴醆在戶粢醍在堂彼是禘祭陳四齊此下時祭陳二齊設尊亦依此也云酌沸之使可酌各異也者此下文鬱鬯獻酌醴齊縮酌之等是各異也云用四時祭祀所用亦不同者即下文春祠夏禴已下所用不同是也云實彝鬱鬯及醴齊之屬者

醴齊之中有三酒也　春祠至經末　釋曰此六者皆據宗廟之祭但春夏同陽秋冬同陰其追享朝享又是四時之間祀以類附從故可同尊也彝與齊尊各用二者鬱鬯與齊皆配以明水三酒配以玄酒故礼記郊特牲云祭齊加明水三酒加玄酒依鄭志云一雞彝盛明水鳥彝盛鬱鬯是以各二尊罍尊不言數者禘祫與時祭追享朝享等皆同用三酒不別數可知也若然依酒正云人祭祀備五齊據大祫通鬱鬯與二酒并配尊則尊有十八禘祭四齊闕二尊則尊有十六此經時祭二齊闕六尊則尊十有二矣其

祫在秋禘在夏則用當時尊重用取足而已此經彝
下文云舟尊與罍下文不云所承之物則無物矣故
禮器云天子諸侯廢禁其此之謂也　注祼謂至之
刑　釋曰言祼謂以圭瓚酌鬱鬯始獻尸也若宗廟
之祭先作樂下神則大司樂云若樂九變人鬼可得
而禮鄭注云先奏是樂而祼焉是祼有二此言圭瓚
者據王而言故鄭即云后於是以璋瓚酌亞祼是也
后祼之時內宰贊之故內宰職云后祼獻則贊瑶爵
亦如之若然非直贊祼而已至於后之朝踐饋獻及
酳用瑶爵皆贊之引郊特牲者證祼以鬱鬯又用圭

璋也云旣灌然後迎牲致陰氣也者祼是陰氣故郊
特牲又云周人先求諸陰求諸陰灌是也此注引郊
特牲后亞王祼後王乃出迎牲案内宰注云王旣祼
與此違者彼注取王事自相亞故先言王旣祼出迎
牲后乃後祼其實以此注爲正也王出迎牲之時祝
延尸向户外户牖之閒南面后於是薦朝事八豆八
籩王迎牲入廟卿大夫贊幣而從牲麗於碑王親親
殺
大僕贊王牲事取血以告殺取毛以告純解而腥之
爲七體薦於神坐訖王以玉爵酌醴齊以獻尸后亦
以王爵酌醴齊以獻尸此謂經朝踐用兩獻尊也礼

器云郊血大饗腥則享祭宗廟無血此云薦血腥者
謂肉非謂如别薦血也云后於是薦朝事之豆籩既
又酌獻者先薦後獻祭礼也其實薦豆籩在王獻前
令在王獻後乃言后薦豆籩者鄭欲説王事訖乃説
后事故後言薦豆籩也云變朝踐言朝獻者尊相因
也朝獻謂尸卒食王酳之者此朝獻於經當秋冬之
祭鄭既未解春夏再獻先釋秋冬朝獻者以其朝獻
是王酳尸因朝踐之尊醴齊故鄭先通解之云再獻
者王尸酳之後后酌亞獻諸臣爲賓又次后酌盎齊
備卒食三獻也者此言再獻即經春夏之祭云再獻

用兩象尊尸食後陰厭王酳尸后與賓長為再獻此亦在饋獻後先言再獻者后與賓酳尸因饋獻盎齊之尊故變饋獻云再獻云內宗薦加豆籩者案醢人及籩人有朝事之豆籩有饋食之豆籩有加豆籩之實故獻於此取朝事當朝踐節饋食當饋節食後重加故加豆加籩當酳尸節案內宰職云贊后薦加豆籩故知內宗薦之云其變再獻為饋獻者亦尊相因饋獻謂薦孰時者此言饋獻當經秋冬祭之節其春夏言再獻至此秋冬言饋獻據文為先後故云變再獻言饋獻其實先饋獻後再獻也 以其饋獻在朝踐

後亦在當尸未入室再獻是王酳尸後節也是以云
饋獻謂薦熟時也此即禮運云熟其殽鄭注云體解
而爓之是也云后於是薦饋食之豆籩者此即醢人
饋食之豆籩者也云此凡九酌王及后各四諸臣一
者九謂王及后祼各一朝踐各一饋獻各一酳尸各
一是各四也諸臣酳尸一并前八為九云祭之正也
者此九獻是正獻案特牲少牢仍有衆賓長兄弟之
長嗣子舉奠上利洗散爲加獻彼並非正故此云祭
之正也云以今祭礼特牲少牢言之者天子諸侯祭
礼亡雖據礼記及周礼而言其文不具故取特牲少

牢見在礼而言以其特牲少牢惟有酳尸後三獻天子諸侯酳尸後亦三獻與彼同故取以為説也云二祼為奠而尸飲七矣王可以獻諸臣者王獻諸臣無文此又約祭統而言故即引祭統曰尸飲五君洗玉爵獻卿是其差也者彼據侯伯礼宗廟七獻二祼為奠不飲朝踐已後有尸飲五獻卿即天子與上公同九獻二祼為奠不飲是尸飲七可以獻諸臣若然子男五獻者二祼為奠不飲是尸飲三可以獻卿故鄭云是其差皆當降殺以兩大夫士三獻無二祼直有酳尸三獻々祝是也云明堂位曰灌用玉瓚大圭爵

用玉琖加用璧角璧散者彼賜魯侯祭周公用天子之礼故以為證言灌用玉瓚者謂以玉飾瓚以大圭為柄此大圭非謂玉人大圭長三尺者直是以圭為柄謂之大圭也爵用玉琖者謂君與夫人朝踐饋獻時所用獻也加用璧角璧散者此即内宰所云瑶爵一也以瑶玉為璧形以飾角散爵是通名故得瑶爵璧角璧散之名也又鬱人職曰受舉斝之卒爵而飲之者引之欲證王酳尸與前同用玉爵之意也云則王酳尸以玉爵也王酳尸用玉爵而再獻者用璧角璧散可知也者再獻謂后與諸臣亦以明堂位云爵

用玉琖加用璧角璧散差之推次可知也云雞彝鳥彝謂刻而畫之爲雞鳳皇之形者案尚書云鳴鳥之不聞彼鳴鳥是鳳皇則此鳥亦是鳳皇故云畫雞鳳皇之形也云皆有舟皆有罍言春夏秋冬及追享朝享有之同者即文自具故知有之同也云昨讀曰酢者主人主婦賓長獻尸皆有酢報不得爲昨日之字故從酬酢之字也云諸臣獻者酌罍以自酢不敢與王之神靈共尊者王酳尸因朝踐之尊醴齊尸酢王還用醴齊后酳尸用饋獻之尊盎齊尸酢后還用盎齊以王與后尊得與神靈共尊今賓長臣卑酳尸雖

得與后同用盎及尸酳賓長即用罍尊三酒之中清
酒以自酳是不敢與王之神靈共酒尊故也鄭司農
云舟尊下臺若今時承槃者漢時酒尊下槃象周時
尊下有舟故舉以為況也云獻讀為犧犧尊飾以翡
翠者翡赤翠青為飾象尊以鳳皇此二者於義不安
故更解以象骨飾尊此義後鄭從之其云飾以翡翠
後鄭猶不從之矣引明堂位犧象周尊也者證飾尊
有非周制者引春秋傳者是左氏定十年夾谷之會
孔子之言引之者證犧象是祭祀之尊不合為野饗
之義也云尊以裸神者司農解犧象不出門之意其

賓獻尸而云祼神者尸神象尸飲即是祼神若云奉觴賜灌之類非謂二灌用鬱鬯也云罍臣之所飲也者經云皆有罍諸臣之所酢故知諸臣所飲者也引

詩

諸者證罍是酒尊之義云畢讀為稼〻彝畫禾稼也者以諸尊皆異物為飾今云畢於義無取故破從稼也云黃彝黃目尊也者依明堂位文引明堂位皆證雞彝是夏法畢彝是殷法黃彝是周法引爾雅者欲見此經有彝為上卣即犧象之屬為中罍為下與爾雅同也云着尊者著略尊也者義不安云著地無足於義是也云春秋傳者昭十五年左傳云六月乙丑

王太子壽卒秋八月戊寅王穆后崩十二月晉荀躒如周葬穆后籍談為介以文伯宴尊以魯壺是其義也引之者證壺是祭祀酒尊司農云追享朝享謂禘祫也在四時之間故曰間祀者案大宗伯祫禘在四時之上當如酒正大祭祀備五齊何得在四時之下故後鄭不從也鄭司農讀雖為蛇虺之虺或讀為公用射牟之牟者無所依據故後鄭皆不從也又云大尊大古之瓦尊者此即有虞氏之大尊於義是也故皆以明堂位為證也玄謂黃目以黃金為目者無正文鄭以目既為眼目黃又與黃金字同故為黃金釋

之也引郊特牲者解黄目之義也云追享謂追祭遷廟之主以事有所請禱者此追享知祭遷廟主者案祭法云去廟為壇去壇為墠壇墠有禱焉祭之無禱乃止是追祭遷廟之主故知也云朝享為朝受政於廟者謂天子告朔於明堂因即朝享朝享即祭法謂之月祭故祭法云考廟王考廟皇考廟顯考廟祖考廟皆月祭之二祧享嘗乃止諸侯告朔於大廟因即朝享祭法云諸侯考廟王考廟皇考廟皆月祭之顯考祖考享嘗乃止告朔天子用牛諸侯用羊月祭皆大牢也春秋傳者文公六年左氏傳云閏月不告朔

猶朝于廟若然天子告朔於明堂則是天子受政於明堂而云受政于廟者謂告朔自是受十二月政令故名明堂為布政之宫以告朔訖因即朝廟亦謂之受政但與明堂受朔别也春秋者彼譏廢大行小引之者見告朔與朝廟别謂若不郊猶三望與郊亦别也　云蜼禺屬卬鼻而長尾者案雞彝鳥彝相配皆為鳥則虎彝蜼彝相配皆為獸故爾雅在釋獸中爾雅云蜼禺屬彼注云蜼似獼猴而大黄黑色尾長數尺似獺尾末有岐鼻露向上雨即自懸於樹以尾塞鼻或以兩指令江東人亦取養之為物捷健云山罍亦

刻而畫之為山雲之形有罍之字於義無所取字雖與雷字以聲同故以雲雷解之以其雷有聲無形但雷起於雲々出出於山故本而釋之以為刻畫山雲之形也異義第六罍制韓詩說金罍大器天子以玉諸侯大夫皆以金士以梓古毛說罍器諸臣之所酢人君以黄金飾尊大一石金飾口目蓋取象雲雷之象謹案韓詩說天子以玉經無明文罍者取象雲雷故從人君下及諸臣同如是經文惟有詩云我姑酌彼金罍古毛說云人君以黄金則其餘諸臣直有金無黄金飾也若然向來所說雞彝鳥彝等皆有所出

其虎彝蜼彝當是有虞氏之尊故鄭注尚書云宗彝
宗廟之中鬱尊虞氏所用故曰虞夏以上虎蜼而已
也　凡六至脩酌　釋曰云凡六彝之酌鬱齊為
目六尊之酌與醴齊盎齊為目下有凡酒滫酌上不
言鬱者亦是文不具也凡言酌者皆是泲之使可酌
也　注故書至三酒　釋曰司農云獻讀為犧已下
後鄭皆不從者此經爲泲酒之法而司農皆不爲泲
酒法其言無所據依故皆不從也司農云齊讀皆爲
齊和之齊鄭注酒正爲度量解之則齊和義亦通也
子春爲粢於義不可後鄭於酒正已破訖云謂列礼

運者欲破彼醆從此盎也彼云玄酒在室者據配鬱鬯之尊故在室若配鬱鬯當云明水而云玄酒者散文通云以五齊次之則醆酒盎齊也者於此經及酒正言之盎次醴禮運醆次醴以醆當盎處即一物明醆酒盎齊也盎齊云酒則齊亦通引郊特牲曰縮酌用茅明酌至醆酒者彼記人意以經涗酒法難解故釋此經涗酒之法也此云醴齊縮酌彼記人取此縮酌二字於彼重解之云此言縮酌者縮酌當用茅也又云明酌者醴齊濁還用事酒之清明者和醴齊然後用茅涗之使可酌故云明酌也云醆酒涗于清者

醆酒即盎齊盎齊差清亦不言縮則不用茅涚謂新
亦謂泲之也彼記人亦取此盎齊涚酌解之以盎齊
欲泲之時則以清酒和而泲涚使可酌故直云涚于
清也云汁獻涚于醆酒者記人亦取此經鬱齊獻酌
釋之云汁獻者獻讀摩莎之莎也云涚于醆酒者鬱
鬯尊不用三酒而用五齊中盎齊差清者和鬱鬯泲
之故云涚于醆酒也云猶明清與醆酒于舊醳之酒
也有此記人復恐不曉古之泲酒之法故舉當時泲
酒之法以曉人也云明清者明謂事酒清謂清酒醆
謂盎齊也三者皆於舊醳之酒中泲之但云醳酒即

事酒也今云舊醳則醳中之舊冬釀接春而成故云舊是昔酒也云此言轉相泲成已下皆鄭重釋記人之言也云醴齊尤濁和以明酌泲之者醴齊對盎齊已下三者為尤濁上仍有泛齊更濁於醴齊也盎齊差清和以清酒泲之而已者以不用茅故云泲之而已云其餘三齊泛從醴緹沈從盎者以泲三者無文故鄭約同此二齊以泛齊濁不過與醴齊同緹沈清無過與盎同故略為二等泲五齊也云凡酒謂三酒也者以上文列彝卣罍三等之尊此見泲鬱與二齊凡酒事相當故凡酒謂三酒非一故稱凡也云脩讀

為滌濯之滌者讀從宗伯視滌濯之滌欲解滌為水
之意必知以水者曲礼曰水曰清滌且鬱鬯用五齊
五齊用三酒三酒用水差次然也云明酌〻取事酒
之上也者重解縮酌用茅明酌也云澤讀曰醳明酌
清酒醆酒涗之皆以舊醳之酒者重解當時之法以
曉人者也云凡此四者裸用鬱齊朝用醴齊饋用盎
齊諸臣自酢用凡酒者此以上列尊及涗酒次第為
先後祭礼有裸有朝踐饋獻酳尸次第為先後推次
可知也云唯大事於大廟備五齊三酒者此據祫正
云祭祀共五齊三酒下有大祭中祭小祭此時祭用

二齊禮運四齊據禘祭明大事祫祭備五齊三酒可知三酒時祭亦備之亦於大事言之者連言使句平文二年大事於大廟公羊傳大事者何大祫也即此大事是祫可知也　大喪存奠彝　注存省至徹也釋曰大喪之奠有彝尊盛鬱鬯唯謂祖廟厥明將向壙為大遣奠時有之故鄭云謂大遣時云奠朝夕乃徹也者此大奠徹之早晚無文案檀弓云朝奠日出夕奠逮日則朝奠至夕徹之夕奠至朝乃徹是朝夕乃徹其大遣亦朝設至夕乃徹言此者欲見所奠彝尊朝夕須存省之意也　大旅亦如之　注旅者

至即徹　釋曰鄭知旅是大國有故之祭者見宗伯云國有大故則旅上帝及四望故知也云亦存其奠彝者以其祭云亦如之明亦如大遣奠存者之云則陳之不即徹者云不即徹則與上注奠者朝夕乃徹義異但上經據人鬼日出逮日故其去來於陰陽此天神無此義但不即徹不必要至夕也且案小宰注天地至尊不裸此得用彝者此告請非常亦如大遣奠之而已亦非裸耳　司几筵至其位　注五几至其處　釋曰云五几左右玉彫彤漆素者其玉彫已下數出於下文云左右者唯於王馮及鬼神所依皆

左右玉几下云左右玉几祀先王昨席亦如之但受酢席未必有几故不云几筵其彫几已下非王所馮生人則几在左鬼神則几在右是以下文諸侯祭祀云右彫几國賓云左彤几諸侯自受酢亦無几故不言几也漆素並云右俱是為神也云五席莞繅次蒲熊者亦數出下文仍有葦萑席不入數者以喪中非常故不數直取五席與五几相對而言耳云用位所設之席者即下凡大朝覲已下是也云及其處者王受朝覲席在廟脩闕大射席在虞庠祀先王在廟奧及堂酢席在廟室西面自諸侯已下亦皆在廟惟熊席

漆几設在野所征之地耳經云名物鄭不解之者義在可知故略之也　凡大至玉几　釋曰此經及下文見王有事設席三重之義言凡大朝覲非四時常朝常朝則春夏受贄於朝秋冬受贄於廟不常在廟也此朝覲言大則因會同而行朝覲之禮謂春秋來時若冬夏來則曰大宗遇也云大饗者謂王與諸侯行饗礼於廟即大行人云上公三饗之屬是也大射謂王將祭祀擇士而射於西郊小學虞庠中云凡封国命諸侯者此即典命云其出封皆加一等之屬是也云王位設黼依者案爾雅牖戶之間曰扆於扆之

之處設黼〻即白黑文而爲斧形此斧以大板爲邸
邸掌次皇邸一也故鄭彼注云邸後板以此斧板置
於扆邸以黼扆爲總名也云依前南鄉設莞筵已下
以席三重也凡敷席之法初在地者一重即謂之筵
重在上者即謂之席已下皆然故鄭注序官云敷陳
曰筵藉之曰席　注斧謂至成文　釋曰鄭云斧謂
之黼者案禮記明堂位云天子負斧扆彼及諸文多
爲斧字者若據繢人職則云白與黑謂之黼據采色
而言之若據繡於物上則爲金斧文近刃白近銎黑
則曰斧取金斧斷割之義故鄭以斧釋黼云其繡白

黑文者繢人職文鄭知以絳帛為質者鄉射記云凡畫者丹質此黼畫之故知絳帛絳帛即丹質也云其制如屏風然者屏風之名出於漢世鄭以今曉古故舉屏風為况也孔注顧命其置戶牖間竟終也戶牖間狹故置之終滿戶牖間也云左右有几優至尊也者此經所云王皆立不坐既立又於左右皆有几故鄭注大宰云立而設優至尊據立而言此據左右皆有而言故注相兼乃具也司農云紛讀為豳於義不安故更云又讀為和粉之粉謂白繡也純讀為均服之均者案僖五年左傳卜偃云均服振振取虢之旂

賈服杜君等皆為均均同也但司農讀為均今即準音與紕同故云紕緣也云繅讀為藻率之藻者讀從桓二年臧哀伯云藻率鞞鞛鞶厲游纓此並取彼義也云次席虎皮為席者此見下有熊席故為虎皮後鄭不從也引尚書者證王馮玉几之義也云謂紛如綬有文而狹者此見漢世綬是薄帔有文章而狹以為席之緣故言之也鄭知繅席削蒲蒻展之編以五采若今合歡矣者漢有合歡席如此故還舉漢法況之也云畫謂雲氣也者鄭於經但單言畫皆以畫雲氣解之蓋五色雲為之文也云次席桃枝席有次列

成文者鄭亦見漢世以桃枝竹爲席次第行列有成
其文章故言之也　祀先至如之　釋曰祀先王謂
宗廟六享皆用上三種席酢席謂王酳尸尸酢王〻
受酢之席亦如上三種席故云亦如之　注鄭司農
至設席　釋曰司農云酢席於主階設席王所坐也
者此約鄉飲酒礼主人在阼階賓在戶牖間主人受
酢王行飲酒礼亦然此酢文承祀先王下即是祭礼
受尸酢不得爲凡常飲酒礼故後鄭不從也後鄭知
王有受尸酢法者謂若鬱人注引特牲少牢此注亦
取彼義故云尸　卒食王酳之卒爵祝受之又酌授尸

尸酢王於是席王於户内也案特牲少牢主人受酢之時未設席夫婦致爵乃設席今王於受酢即設席者優至尊與大夫士礼異知席王在户内者約特牲主人受酢時在户内之東西面也云后諸臣致爵乃設席者此亦約特牲夫婦致爵之時布席若然王於酢有席與彼異至於后即與彼同者礼有損之而益故后不得與王同冝同士礼案特牲無致爵於賓長之法而此言諸臣致爵者此王於諸臣亦無致爵礼此致爵謂酬尸訖主人獻賓長於西階之上謂之致爵也特牲主人致爵於主婦席於東房中此后亦然

其諸臣案特牲獻賓長於西階上無席獻訖以薦俎
降々設於西階下亦無席北諸臣有席者亦是王之
臣尊宜設席乃以薦俎降設於席東也　諸侯至彫
几　釋曰此經論諸侯禘祫及四時祭祀之席皆二
種席也　注繢畫至神宜　釋曰上文畫純者畫雲
氣此云繢即非畫雲案繢人職對方為繢是對方為
次畫於繒帛之上與席為緣也云不莞席加繅者繅
柔𥗽不如莞清堅又於鬼神宜者案上文天子祭祀
席與酢席同此下文諸侯受酢席下莞上繅今祭祀
席下蒲上莞以是故鄭以下文決此今諸侯祭祀席

不亦如下文莞席加繅者以其繅柔𦃀不如莞清堅於鬼神宜卽於生人不宜故下文生人繅在上為宜也又不以繅在莞下者繅尊不宜在莞下故用蒲蒻之也　昨席至彤几　釋曰諸侯酳尸尸酢主君亦於戶內之東西面設此二席及筵國賓在牖前亦如之亦如同二種席也凡席雖同但上文鬼神則右几此文生人則左几也又别云左彤几者謂國賓之中有諸侯來朝亦有孤卿大夫來聘若朝者則彫几蒙亦如之聘者席雖與同几則用彤故别云左彤几使不蒙如也　注昨讀至彤几　釋曰先鄭云礼記國

賓老臣也者案礼記王制有四代養国老庶老於學之事彼國老謂卿大夫致仕庶老謂士之致仕者先鄭據此文而言國賓老臣也後鄭不從者未見朝聘之賓而言已國老臣於義不可故不從也玄謂国賓諸侯來朝孤卿大夫來聘者案大小行人及司儀賓謂諸侯客謂其臣今此經唯云賓而兼云孤卿大夫來聘者案大小行人及司儀賓謂諸侯客謂其臣今此經唯云賓而兼云孤卿大夫者對文賓客異通而言之賓客一也以大司徒云大賓客令野脩道委積小司徒云小賓客令野脩道委積是賓客通用之義

也案公食大夫礼云司宫具几與蒲筵加萑席又云上大夫蒲筵加萑席其純皆如下大夫彼注云謂公食上大夫孤爲賔則莞筵紛純加繅席畫純聘礼將賔宰夫徹几改筵注云徹神几改神席更布也賔席東上又引公食大夫云々此筵上下大夫也又引此筵国賔下至彤几云筵孤彤几卿大夫其漆几與以此而言則筵諸侯與孤用莞筵繅席而卿大夫則用蒲筵萑席今揔云國賔孤卿大夫同莞繅者此廣解国賔之義其賔如公食大夫及聘礼之注也若然此注云朝者彫几聘者彤几彤几亦謂孤也依彼聘礼

注卿大夫用漆几者以其天子用玉諸侯用彫孤用彤卿大夫用漆几差次然也案礼記礼器云天子之席五重諸侯三重今天子唯三重諸侯二重者彼云五重者據天子大祫祭而言若禘祭當四重時祭當三重皆用此三重席耳故此唯見三重席也諸侯三重上公當四重亦謂大祫祭時若禘祭降一重諸侯二重禘與時祭同卿大夫已下特牲少牢唯見一重耳若爲賓饗則加重數非常法故不與祭祀同也

甸役漆几　釋曰甸役謂天子四時田獵案大司馬大閱礼教戰訖入狩田既陳有司表貉於陳前是時

設熊席右漆几也　凡喪至一几　注喪事至氣合
釋曰云喪事謂凡奠也者以其言凡非一之義士
喪礼始死之奠乃至小斂之奠亦設於地未有席至
大斂奠乃有席殯後則有朝夕奠朔月奠大夫已上
兼有月半奠并有薦新奠葬時又有遷奠祖奠大遣
奠大遣奠葬乃廢奠而虞祭也故鄭云謂凡奠也云
萑如葦而細者詩云萑葦渭〻同類之物但麤細為
異耳先鄭以柏席為迫地或為載黍稷其言無所依
據故後鄭不從也玄謂柏椁字磨滅之餘椁席藏中
神坐之席也者謂於下帳中坐設之云敦讀曰燾〻

菆

覆也者謂若覆壽持載者也云棺在殯則椁壽者檀
弓云天子菆塗龍輴以椁是也云既定則加見者既
夕礼下棺訖則加見々謂道上帳帷荒將入藏以覆
棺言見者以其棺不復覆故云敦也云周礼雖合葬
者檀弓云古者不合葬周公蓋附々謂合葬是周礼
合葬也云及同時在殯者礼記曾子問云父母之喪
偕鄭云同月死是同時在殯也云奇異凡體實不同
者解經每敦一几之義云祭於廟同几精氣合者案
礼記祭統云數筵設同几鄭云同之言詷謂言語相
詷之詷即共詷也故破從詷則以某妃配某氏以其

精氣合故也言祭於廟者謂吉祭時以其禫月吉祭猶未配故知至二十八月乃設同几也　凡吉至仍几　注故書至礼略　釋曰先鄭云變更其質謂有飾又以仍几為因其質謂無飾後鄭不從者以司農就几體解之所引尚書仍几乃是前後相因不得為几體故不從也且上文云右素几於凶几無飾已有文何須此亦云仍几為無飾乎皆其言不經故不從也引顧命者按彼經云牖間南嚮華玉仍几西序東嚮文貝仍几東序西嚮彫玉仍几　西夾南嚮漆仍几孔云因生時几皆有飾而先鄭引之者先鄭意直取

仍因之義不須無飾也云謂吉事祭宗廟裸於室者洛誥云王入大室裸是也云饋食於堂繹於祊者案礼器云設祭于堂為祊于外是直云饋食於堂謂饋獻節據有熟故言饋食其實未有黍稷又不言朝踐者朝踐與饋獻同在堂故略而不言也又饋獻後更延尸入室進黍稷尸食之事不言者以其還依裸於室之几故亦略而不言也云凶事謂凡奠者即上文凡喪事右素几是也此文見凡奠几朝因不易之意案檀弓云虞而立尸有几筵者據大夫士而言案士喪礼大斂即有席而云虞始有筵者以其几筵相將

天府

連言其實虞時始有几其筵大斂即有也　天子諸侯
礼大初死几筵並有故上云凡喪事設葦席右素几
也凡几之長短阮諶云几長五尺高二尺廣二尺馬
融以為長三尺舊圖以為几兩端赤中央黑也　天
府至禁令　釋曰所守藏者即下文玉鎮已下是也
禁令謂禁守不得使人妄入之等也　注祖廟至弓
者　釋曰案王制云天子七廟三昭三穆與大祖之
廟而七大祖即始祖廟也周之后稷廟為始祖以其
最尊故寶物藏焉云其寶物世傳守之若魯寶玉大
弓者案春秋定八年盜竊寶玉大弓公羊傳云寶者

何隱判白弓繡質是世傳守者也　凡国至藏之
釋曰云玉鎮大宝器藏焉者若典瑞掌其凡瑞器故
典瑞云掌玉瑞玉器之藏辨其名物與其用事設其
服飾其美者天府掌之　注玉鎮至於經　釋曰鄭
知玉鎮大宝器是玉瑞玉器之美者此云玉鎮即大
宗伯云以玉作六瑞鎮圭之屬即此宝鎮也彼又云
以玉作六器蒼璧礼天之屬即此宝器也知是美者
以別入此天府故知簡取美者來入也鄭知禘祫者
經云大祭祀故知也先鄭云顧命曰翌日乙丑王崩
者謂上文云甲子王被冕服馮玉几出顧命下云翌

日乙丑是甲子明日也云丁卯命作册度者謂乙丑至丁卯是三日小歛之日也大保命史官作册書法度擬傳顧命之事云越七日癸酉者越於也於丁卯後七日則通死日乙丑爲九日是降死日七日大歛之明日揔九日也云陳寶赤刀大訓弘璧琬琰在西序者陳寶是揔目語即赤刀已下是也赤刀者鄭注云武王誅紂刀赤爲飾大訓者礼法先王礼教即虞書典謨是也弘璧弘大也大璧琬琰度尺二寸者云大玉夷玉天球河圖者鄭云大玉華山之球夷玉東北之璞天球雍州所貢之玉色如天三者皆璞未見

未見琢治故不以器名之河圖今出於河水帝王聖
者所受云脩之舞衣大貝鼖鼓兊之戈和之弓垂之
竹矢者鄭注云脩也和也垂也皆古人造此物者之
名鼖鼓大鼓也此鼖非謂考工記鼖鼓長八尺者若
是周物何須獨寶守明前代之物與周鼖鼓同名耳
大貝者書傳曰散宜生之江淮之浦取大貝如車渠
是也云此其行事見於經者此經云大喪出而陳之
不見行事故引顧命爲行事見於經也此經有大祭
祀出寶器無行事見於經故不引也　凡官至之治
釋曰此自王國以至四鄙皆有職司治事文書不

不言六遂及四等公邑之官者於文略其實皆有也都鄙則三等采地云詔王察羣吏之治者告王據此治中文書而行黜陟也　注察〃至之要　釋曰云治職簿書之要者謂各有職掌皆同有文書案簿書功狀之要故據而告王也　經雖言治中兼有不中在其間中者陟之不中黜之經直言中偏舉一邊而言也　上春至寶器　注上春至之釁　釋曰云上春孟春也者謂建寅之月也殺牲取血釁之若月令上春釁龜筴等也云釁讀爲徽者周禮先鄭皆讀釁爲徽〃取飾義云或曰釁鼓之釁者讀從定四年祝佗

云君以軍行祓社釁鼓釁皆以血〻之也　凡吉至
執燭　注吉事至之奠　釋曰謂他官在祖廟中沃
盥夙興時則天府之官與之執燭爲明他官在祖廟
中沃盥者謂小祝云大祭祀沃尸盥小臣大祭祀沃
王盥此二官所沃盥在祖廟中則天府爲之執燭其
若士師云祀五帝沃尸盥非祖廟事則不與執燭也
云吉事謂四時祭也者略言之禘祫亦在焉云凶事
后王喪朝于祖廟之奠者王及后喪七月而葬將葬
當朝六朝後乃朝祖廟祖廟中曰側爲祖奠厥明將
去爲大遣奠皆有沃盥之事故鄭云焉　季冬至媺

惡　釋曰季冬謂夏之季冬歲終當除舊布新故此時當有卜筮來歲之美惡者將卜筮之時先陳玉以礼神然後卜筮也　注問事至陽卜　釋曰云問事之正曰貞者礼記少儀云問卜筮曰義與志與注云義正事也志私意也是問卜筮有不正之事故云問事之正曰貞即此經云貞者問事之正也云問歲之美惡謂問於龜大卜職大貞之屬者彼大貞之屬即卜立君卜大遷卜大封是也今此卜來歲之美惡亦彼類故云之屬兼此也云陳玉陳礼神之玉者玉於卜筮無所施明以禮神也云凡卜筮實問於鬼神龜

筮能出其卦兆之占耳者案易繫辭云精氣爲物游
魂爲變是故知鬼神之情狀與天地相似注云精氣
謂七八游魂謂九六則筮之神自有七八九六成數
之鬼神春秋左氏傳云龜象筮數則龜自有一二三
四五生數之鬼神則知吉凶者自是生成鬼神龜筮
直能出卦兆之占耳案易繫系蓍龜神物士冠禮注云
筮不於廟堂者嫌蓍之靈由廟神若然蓍龜亦自有
神而云出卦兆者但所礼者礼生成之鬼神々之尊
者無嫌蓍龜亦自有神也云龜有天地四方則玉有
六器者與者龜有天地四方之龜人職文龜既有六明

玉亦有六無正文故云與以疑之六器之言若大宗伯云以玉作六器之類故以六器言之也云言陳者既事藏之不必貍之也者七八九六及一二三四五之鬼並非天地之鬼神故云陳言陳則藏之不必貍也先鄭云貞問也者亦是問事之正曰貞也云易曰師貞丈人吉問於丈人者此師卦彖辭彼云師貞丈人吉无咎注云丈之言長能御衆有朝正人之德以法度為人之長吉而無咎謂天子諸侯主軍者云國語曰貞於陽卜者此吳語黄池之會董褐云周室既卑諸侯失礼於天子請貞於陽卜收文武之諸侯注

云貞正也問卜内曰陰外曰陽言吳以諸侯失禮於天子當問於龜言我當收文武之諸侯矣引此二文者證問事之正曰貞也　若遷寶則奉之　釋曰此遷寶謂王者遷都若平王東遷則寶亦遷天府奉送之於彼新廟之天府藏之如故也　若祭至藏之　釋曰此主祭祀者祭天之司民司禄在孟冬之時則主民之吏獻民數穀數則小司寇受而獻之於王王得之登於天府受而藏之　注司民至天府　釋曰云司命軒轅角也者案武陵太守星傳云軒轅十七星如龍形有兩角有大民小民傳又云文昌宫有六

星第一為上將第二為次將第三為貴相第四為司命第五為司中第六為司祿是其司民在軒轅角司祿在文昌第六星也或曰下能也者此宗石氏星傳云上能司命為太尉中能司中為司徒下能司祿為司寇是司祿在下能也以其二處並有司祿故舉二文以見義也云祿之言穀也年穀登乃後制祿言此者欲見祭司祿在孟冬則制祿之意也鄭知祭此二星在孟冬者見月令孟冬云祈來年於天宗即日月星是知祭在孟冬也其獻穀數者則小司寇職也

典瑞至服飾　釋曰言掌玉瑞玉器之藏者玉之美

者入天府藏之凡平者仍在典瑞藏之故亦言藏也人執之則曰瑞即下文鎮圭之等是也礼神曰器則下文四圭之等是也云辨其名物者圭璧之等各有名并物色有異云與其用事者為享而用圭璧謂朝聘朝日祭祀之等皆是也云設其服飾者謂繅藉在玉若人之衣服之飾也　注人執至繅藉　釋曰人執以見曰瑞礼神曰器者據此文及大宗伯相對而説散文則人執亦名器故聘礼記云圭璋璧琮凡此器者唯其所寳以聘可也又尚書云五器卒乃復皆是人執而名器也云瑞符信也者若天子受瑞於天

諸侯不得受瑞於天唯受瑞於天子故名瑞瑞即符信者也云繅藉即下文繅五采五就之等也　王晉至朝日　釋曰搢插也謂插大圭長三尺玉笏於帶間手執鎮圭尺二寸繅藉五采五就者謂以五采就繅藉玉也以朝日者謂以春分朝日於東郊也　注繅有至一就　釋曰云繅有五采文者釋繅字以其繅者雜采之名故云繅有五采文所以薦玉也云木為中榦用韋衣而畫之就成也者鎮圭尺二寸廣三寸則此木版亦長尺二寸廣三寸與玉同然後用韋衣之乃於韋上畫之一采為一帀五采則五帀一帀

為一就々成也是采色成者也案聘礼記云絢組尺
彼組不問尊卑皆用五采長尺以為繫所以束玉使
不落絢組繫亦名繅藉者則曲礼云其有藉者則裼
聘礼云上介屈繅以授賓是亦名繅藉者也云王朝
日者示有所尊訓民事君也者王者父天母地兄日
姊月故春分朝日秋分夕月以王者至尊猶朝日夕
月況民得不事君乎是訓民事君也云天子常春分
朝日秋分夕月知者案祭義云祭日於東祭月於西
又玉藻云玄端而朝日於東門之外又覲礼春拜日
於東門之外既春拜日於東則秋夕月於西故知春

分朝日秋分夕月也司農云搢讀爲搢紳之搢者僕
有搢紳之士亦謂搢笏於紳故讀從之云謂插之於
紳帶之間者凡帶有二者大帶大夫已上用素士用
練即紳也又有革帶所以珮玉之等今插笏者插於
紳之外革之内故云紳帶之間也云若帶劒也者劒
在紳帶之間同处也云玉人職曰大圭長三尺杼上
終葵首天子服之者案彼注云杼殺也終葵首謂大
圭之上近首殺去之留首不去處爲椎頭齊人名椎
爲終葵故名圭首爲椎頭者爲終葵首也案玉藻云
天子搢珽方正於天下即此大圭也云鎮圭尺有二

天子守之者亦玉人文引之證經大圭與鎮圭之義也云繅讀爲藻率之藻者桓二年臧哀伯諫辭也藻是水草之文故讀從之也云五就五帀也一帀爲一就者下文有三采者亦一采爲一就下云二采一就者據臣行聘不得與君同是以二采々爲一行二采共爲一就凡言就者或兩行名爲一就即此上下文是也或一帀二行爲二就々即等也故聘禮記云所以朝天子圭與繅皆九寸又云繅三采六等朱白蒼注云以三色再就謂三色々爲再就々亦等也三色即六等礼記雜記亦云三采六等注云三采六等以

朱白蒼畫之再行行為一等是等為一行行亦為就
據單行言之也各有所據故其文有異也　公執至
于王　注三采至曰同　釋曰鄭知三采朱白蒼二
采朱綠也者聘礼記文司農引覲礼曰侯氏入門右
坐奠圭再拜稽首者彼謂秋覲礼受贄受享皆在文
王廟中侯氏入門右者諸侯不敢自同賓客故入門
右行臣礼後擯辭之乃更向門左升自西階授玉云
春曰朝已下皆大宗伯文義具於彼也　諸侯至如
之　注鄭司農至容仰　釋曰先鄭云亦執圭璧以
相見者亦如上文公執桓圭以下案大行人云諸侯

之邦交歲相問殷相聘世相朝即司儀所云凡諸侯
相為賓侯伯子男之相為賓如公之儀又諸公之臣
相為国客伯子男之臣云亦如之若不敵則有小国
朝大国大国聘小国皆是諸侯相朝之法故邾隱公
朝於魯引春秋傳者左氏傳云邾子執玉高其容仰
魯侯執玉卑其容俯高仰驕也卑俯替也此二君不
獲朝容之正引之以證諸侯相朝有執玉之法也
瑑圭至覜聘　釋曰此遣臣行聘問之所執者若夫
君親自朝所執上文桓圭之等是若遣臣聘不得執
君之圭璧無桓信躬與蒲穀之文直瑑之而已故云

琭圭璋辟琮此謂公侯伯之臣也若子男之臣豈得
過本君用以圭璋乎明子男之臣亦用琭辟琮也云
皆二采一就以覜聘者謂朱緑二采共為一就也
注璋以至琭起　釋曰云璋以聘后夫人以琮享之
遣
也者鄭見〻此經遣臣聘法有聘天子并有自相聘
二者俱見故云璋以聘后夫人而琮享之也明知圭
以聘天子與諸侯而辟享之鄭不言圭辟於天子諸
侯者以聘后夫人文隱故特舉以言之天子諸侯可
知也云大夫衆來曰覜寡來曰聘者此亦據大宗伯
云殷覜曰視謂一服朝之歲即此覜也故云衆來彼

又云時聘曰問亦無常期即此聘也故云寡來曰聘也司農云瑑有圻諤瑑起是不爲桓信躬等之文也

四圭至上帝　釋曰此祀天謂夏正郊天也旅上帝者上帝五帝也国有故而祭故稱旅也　注鄭司農至四望　釋曰司農云於中央爲璧圭著其四面一玉俱成者云於中央爲璧謂用一大玉瑑出中央爲璧形亦肉倍好爲之四面瑑各出一圭璧之大小圭之長短無文天子以十二爲節蓋四廂圭各尺二寸與鎮圭同其璧爲即蓋徑六寸揔三尺與大圭長三尺又等故云一玉俱成也　云或說四圭有即有四

角也有此說四角々即短矣以無正文故兩釋之也

云即讀爲抵欺之抵音讀之也云上帝玄天者與大

宗伯注同司農意與孔王等無六天之義也玄謂祀

天夏正郊天也者凡天有六案大宗伯云蒼璧禮天

據冬至祭昊天於圜丘者也彼又云青圭禮東方赤

璋禮南方白琥禮西方玄璜禮北方據四時迎氣及

揔享於明堂之等祭五方天也彼惟不見夏正郊所

感帝故知此四圭是夏正郊天易緯云三王之郊一

用夏正各郊祈感帝即郊特牲云兆日於南郊就陽

位於郊故謂之郊是也云上帝五帝者案宗伯青圭

之等已見祭五方天帝此又言者彼據常祭此據国有故而祭曰旅用玉與郊天同四圭有邸故言之也云所郊亦猶五帝殊言天者尊異之也者王者各郊所感帝若周之靈威仰之等即是五帝而殊言天是尊異之以其祖感之而生故也引大宗伯者證旅上帝是國有故而祭也但旅四望下文與地同用兩圭今此言之者連列之耳兩圭至四望　注兩圭至之神　釋曰云僢而同邸者案王制注卧則僢彼僢謂兩足相向此兩圭亦兩足同邸是足相向之義故以僢言之則上四圭同邸者亦是各自兩足相向但就

此兩足相向而言之也云地謂所祀於北郊神州之神者以其宗伯所云黄琮礼地謂夏至祭崑崙大地明此兩圭與上四圭郊天相對是神州之神案河圖括地象崑崙東南方五千里神州是也但三王之郊一用夏正未知神州用何月祭之或解郊用三陽之月神州既與郊相對宜用三陰之月當七月祭之

裸圭至賓客　釋曰裸圭即玉人所云裸圭尺有二寸者也以肆先王謂祭先王則宗伯六享皆是也以裸賓客者則大行人云上公再裸侯伯一裸之等是也

注鄭司農至一尺　釋曰先鄭云於圭頭為器

器瓚是也云可以挹鬯祼祭謂之瓚者鬯即鬱鬯也
言祼言祭則祼據賓客祭據宗廟也詩曰卹彼玉瓚
黄流在中者彼詩是美王季爲西伯受殷王圭瓚之
賜言黄流在中即與玉人云黄金勺鼻等同也云國
語謂之鬯圭者案國語云臧文仲以鬯圭與磬如齊
告糴是也云以肆先王灌先王祭也先鄭不解肆字
故後鄭釋之云謂肆解牲體以祭因以爲名者案大
司徒云祀五帝奉牛牲羞其肆是祭時肆解牲體因
即以肆爲祭名也云爵行曰祼者此周礼祼皆據祭
而言至於生人飲酒亦曰祼故投壺礼云奉觴賜灌

是生人飲酒爵行亦曰灌也　云漢礼瓚槃亦大五升口
徑八寸下有槃口徑一尺者此漢礼器制度文叔孫
通所作案玉人職云大璋中璋邊璋下云黄金勺青
金外朱中鼻寸衡四寸鄭注云三璋之勺形如圭瓚
玉人不見圭瓚之形而云形如圭瓚者鄭欲因三璋
勺見出圭瓚之形但三璋勺雖形如圭瓚圭瓚之形
即此漢礼文其形則大三璋之勺徑四寸所容蓋似
小也　圭璧至星辰　釋曰祭日月謂若春分朝日
秋分夕月并大報天主日配以月其星辰所祭謂小
宗伯四類亦如之注云礼風師雨師於郊之屬又月

今云祈來年於天宗鄭云天宗日月星亦是也其祭法埋少牢已下祭日月星辰謂禱祈而祭亦用此圭璧以礼神也　注圭其至上帝　釋曰云圭其邸為璧者上文四圭兩圭及下璋邸皆言邸鄭皆邸為璧但此圭云璧不言邸故鄭還以邸解璧也云取殺於上帝者但郊天及神州之神雖相對但天尊地卑故四二有異鄭直云象不言殺也今日月星天神故以殺言之也言殺者取降殺以二為節也　璋邸至賓客　釋曰此祀山川謂若宗伯云兆山川丘陵各於其方亦隨四時而祭則用此璋邸以礼神玉人云璋

邱射素功以祀山川以致稍餼注云邱射剡而出也
致稍餼造賓客納稟食也先鄭云素功無瑑飾也以
此而言則造贈賓客謂致稍餼之時造館贈之言贈
則使還之時所贈賄之等亦執以致命耳 土圭至
土地 注以致至土圭 釋曰鄭云以致四時月
者度其景至不至以知其行得失也又引馮相氏云
冬夏致日春秋致月者依通卦驗冬至立八尺之表
晝漏半度之表北得丈三尺景又依大司徒云日至
之景尺有五寸謂之地中是其景至也若不依此或
長或短則爲不至也云以知其行得失也者景之至

否皆由人君之行所致若景不依道度爲不至是人君之行失若景依道度爲至是人君之行得故云知行得失若春秋致月之法亦於春分秋分於十五日而望夜漏半而度之但景之長短自依二分爲長短不得與冬夏日景同景之至否亦知行之得失也云以土圭度日景觀分寸長短以制其域所封也者日景一寸其地千里則一分百里今封諸侯無過五百里已下止可言分而言寸者語勢連言之其實不合有寸也先鄭引玉人職而云以求地中故謂之土圭者所用惟置洛邑而求地中自餘或致四時之景或

封諸侯所用不必要求地中而先鄭言求地中者據

大司徒而言耳

周礼䟽卷第二十二

周礼疏卷第二十三

唐朝散大夫行大學博士弘文館學士臣賈公彦等撰

珍圭至凶荒　注杜子至反命　釋曰子春云鎮者國之鎮者若職方每州皆云其山鎮是国之鎮據山而言云謂珍圭王使之瑞節謂若掌節云山国土国有人節虎節是諸侯使人之瑞節此珍圭等是圭使之瑞節也云制大小當與琬琰相依者案玉人琬圭九寸此珍圭玉人不言故約與琬琰同鄭云如今時使者持節矣者即子春所云竹使符也　云恤者闓府庫振救之者凶荒年穀不熟百姓困乏故知開府庫

振救之府庫所以藏財貨故礼記大學云未有府庫財非其財者也若然聞府庫出賞明亦聞倉廩出米粟出給之也云凡瑞節歸又執以反命者此無正文要王使人執瑞節往反須反命於王明此已致命乃歸還典瑞也　牙璋至兵守　注鄭司至戍周　釋曰先鄭云牙璋瑑以為牙牙齒兵象故以牙璋發兵者此無正文以意言之以其言牙即以牙齒解之云若今時以銅虎符發兵者案漢文帝本紀云二年九月初與郡國守為銅虎符竹使符應劭曰銅虎符從第一至第五国家當發兵遣使者至郡国合符合乃

聽受之竹使符皆以竹箭五枚長五寸鐫刻篆書第
一至第五張晏曰以代古圭璋從簡易使其事也然
銅虎竹使符漢時皇帝使者之瑞節則司農之意鎮
圭牙璋之等亦王使之瑞節也但先鄭不言之故後
鄭皆云王使之瑞節增成之也云節者即韋節云守
邦国者用玉節則王用玉節可知玉人云璋邸射素
功以祀山川以致稍餼與此中所用同明此牙璋亦
素功若然案玉人云牙璋中璋七寸射二寸厚寸以
起軍旅以治兵守此不云中璋者中璋比於牙璋殺
文飾惣而言之亦得名為牙璋以其鉏牙同也以此

言此文見牙璋亦兼中璋矣若然　大軍旅用牙璋小軍旅用中璋矣云若齊人戍遂者莊公十三年春齊侯會諸侯于北杏夏六月齊人滅遂遂傳曰遂人不至夏齊人滅遂而戍之也云諸侯戍周者昭二十七年十二月晉籍秦致諸侯之戍于周是其事也　璧羨以起度　注鄭司至一尺　釋曰先鄭云羨長也此璧徑長尺其義是也但語不足故後鄭增成其義也玄謂羨不圜之貌蓋廣徑八寸袤一尺者案爾雅肉倍好謂之璧則璧體圜矣今云璧羨羨是引聲而言是爲長意故先鄭後鄭皆爲不圜也云蓋者此璧本

往

圖九寸今言羡則減傍一寸以益上下故玉人以為上下一天則橫徑八寸矣無正文故云蓋以疑之也

駔圭至斂尸　注鄭司至天地　釋曰先鄭讀駔為駔牙之駔故云外有捷盧捷盧若鋸牙然後鄭不從之也云駔讀為駔疾之駔此蓋當時有駔疾之語故言焉云疏讀為沙已下後鄭皆不從者以其王之襲斂百五十稱有餘何得更有使汁流去乎玄謂以斂尸者於大斂焉加之也者以其六玉所與王為飾明在衣裳之外故知在大斂後也駔讀為組與組馬同聲之誤也者詩有執轡如聲之誤為駔若然後鄭讀

䮾本與組同聲為駔牙之音故得為聲誤若本為駔牙之音與組聲異何得為駔也云渠眉玉飾之溝瑑也者此六玉兩頭皆有孔又於兩孔之間為溝渠於溝之兩畔稍高為眉瑑故云以組穿聯六玉溝瑑之中以斂尸也云圭在左已下皆約大宗伯云青圭禮東方之等以尸南首而置此六玉焉云蓋取象方明神之也者案覲禮設方明上圭下璧無璧琮此云象者彼注上下之神非天地至貴謂日月之神故上下不用璧琮此中有璧琮者象天地若然此言象方明者直取置六玉於六處不取玉形之義又案宗伯璧

礼天琮礼地今此璧在背在下琮在腹在上不類者以背為陽腹為陰隨尸腹背而置之故上琮下璧也云疏璧琮者通於天地者天地為陰陽之主人之腹背象之故云疏之通天地也　穀圭至聘女　注穀圭至徵焉　釋曰難謂兩諸侯相與為怨仇王使人和之則執以往也穀善也故執善圭和之使善也聘女亦是和好之事故亦用善圭也知飾若粟文者以其稱穀者穀粟然也云難仇讎者仇為怨讎為報有怨當報者謂人和仇讎之類也云若春秋宣公及齊侯平莒及郯者時莒與郯不和宣公四年左氏云公

及齊侯平莒及邾是也云晉侯使瑕嘉者成公元年
左氏傳云晉侯使瑕嘉平戎於王是也其聘女則以
納徵昏禮有六五禮用鴈納徵不用鴈以其有束
帛可執媒氏職庶民用緇帛五兩士昏礼用三玄二
纁天子加穀圭諸侯加以大璋大夫與士同故知納
徵也昏礼言納徵〻成也納此則昏禮成春秋謂之
納幣以春秋通異代指幣體以質之言也　琬圭至
結好　注琬圭至結好　釋曰云亦王使之瑞節亦
上文也云諸侯有德王命賜之者解經治德也云及
諸侯使大夫來聘旣而為壇會之使大夫執以命事

焉者解經結好也此即大宗伯時聘無常期一也故
列大行人時聘以結諸侯之好以證之若時見曰會
諸侯來與之會時聘使大夫來王還使大夫往會焉
先鄭云琬圭無鋒芒者對下文琰圭有鋒芒者也
琰圭至除慝　注琰圭至之慝　釋曰云謂除慝亦
於諸侯使大夫來覜既而使大夫執而命事於壇者
此即大宗伯云殷覜曰視謂一服朝之歲也故引大
行人云殷覜以除邦国之慝為證也但上文治德與
此經易行據諸侯自有善行惡行王使人就本国治
易之結好與除惡皆諸侯使大夫來聘亦王使大夫

為壇命之為異也鄭知使大夫來皆為壇者約君來
時會殷同爲壇明臣來爲壇可知也　大祭至奉之
釋曰大祭祀兼有天地宗廟大旅中兼有上帝四
望等故鄭云四圭祼圭凡賓客謂再祼一祼之等亦
云奉之者送向所行礼之處也　注玉器至之屬
釋曰鄭知玉器謂四圭祼圭者上已釋礼神曰器經
云玉器故知非瑞是礼神者也云之屬者兼有兩圭
璧圭璋邸之等也　大喪至贈玉　釋曰大喪謂王
喪兼有后世子在其中以其更不見共后世子之故
也飯玉者天子飯以黍諸侯飯用粱大夫飯用稷天

子之士飯用粱諸侯之士飯用稻其飯用玉亦與米同時此即礼記檀弓云飯用米貝不以食道鄭云食道褻米貝美是也含玉者則有數有形雜記云天子飯九貝諸侯七大夫五士三貝者鄭云夏時礼以其同用貝故也周天子諸侯皆用玉亦與飯俱時行之贈玉者案既夕礼葬時棺入坎贈用玄纁束帛即天子加以玉是贈先王之物也　注飯玉至以帛　釋曰鄭知飯玉碎玉以雜米者以其與米同内於口中故知碎之與米同知含玉柱左右䪼及在口中者案士喪礼云主人飯米置尸三加貝左中亦如之既言

左右及中明知梓左右顱及口中鄭彼注象生時齧
堅以此而言士喪礼用三復以雜記差之則天子用
九玉諸侯用七玉大夫用五〻若然大夫已上不徒
梓左右與中央耳云雜記曰含者執璧將命則是璧
形而小耳者彼是諸侯薨鄰國遣大夫來吊并行含
襚賵之礼諸侯用璧天子雖用玉其形無文故取諸
侯法以況之天子亦為璧形而小以其入口故知小
也云贈玉蓋璧也者以既夕礼云士贈用束帛明天
子亦有束帛也而小行人合六幣璧以帛故知贈既
用帛明以璧配之鄭言此者恐天子用玉嫌不用帛

典命職

故言之也案玉府已云大喪共含玉此又言之者蓋玉府主作之此官主其成事而共之　凡玉至奉之　注玉器至使者　釋曰云玉器出謂王所好賜也者天府云遷宝謂從国都此不言遷直言出故知王所好賜之者也云遠則送於使者々謂王使人就国賜之則往就使者付之故云送於使者也　典命至之命　注五儀至為儀　釋曰云五儀公侯伯子男之儀者此五儀有三等之命々雖有同者其儀皆異若然大宗伯注云每命異儀貴賤之位乃正是命異儀即異此則命同儀有異於義乖者但大宗伯經云

九儀之命據九等之命爲九儀故注每命異儀是命異儀即異經云掌諸侯之五儀即是據五等之爵爲五儀是以命同儀有異此乃各有所據於義無乖也云五等謂孤以下四命三命再命一命不命也鄭知義然者此經諸臣五等在諸侯之下則還據諸侯之下臣有五等而言諸侯之下既無一命以至五命臣有五等通不命也是以諸侯及諸臣皆據下文諸侯諸臣而充此上之數也故下文諸侯下說大國孤四命其卿三命大夫再命士一命侯伯之卿已下如公國五命三等云或言儀或言命互文也者謂或言儀

者亦有命此則諸侯之命也或言命者亦有儀此乃
臣之儀也今若據爵而言則孤卿大夫士四等之儀
也若據命而說則通不命為五儀　上公至為節
注上公至數焉　釋曰鄭云上公謂王之三公有德
者加命為二伯者案下文三公八命出封皆加一等
謂若周公大公有德封於齊魯雖身在王朝使其子
就国亦是出封加命為上公九命者此上公則為二
伯分陝者也故大宗伯云九命作伯是也云二王之
後亦為上公者案孝經緯援神契云二王之後稱公
大国稱侯故知也若然宋公為殷之後稱公春秋之

杞爲夏後或稱侯或稱伯或稱子者杞君無道或用夷礼故貶之而不稱公也若虞公虢公非王之三公出封亦得稱公者此殷時稱公武王滅殷虞虢無過可退無功可進雖周之親戚仍守百里之地而稱公也自外雖是周之同族有出封惟稱侯伯而已是以魯晉鄭衛等皆稱侯伯鄭注巾車云王子母弟雖為侯伯畫服如上公乘金路是也云国家國之所居謂城方也者若考經諸侯稱国大夫稱家今此文無卿大夫則国家揔據諸侯城方者也云公之城蓋方九里云云此經國家及宮室車旗以下皆依命數而言

既言国家宮室以九以七以五為節以天子城方十二里而言此九七五亦當為九里七里五里為差矣但無正文故言蓋以疑之也案書無逸傳云古者百里之国九里之城玄或疑焉周礼匠人營国方九里謂天子之城今大国與之同非也然大国七里次国五里小国三里之城為近可也或者天子實十二里之城諸侯大国九里次国七里小国五里如是鄭自兩解不定鄭必兩解者若案匠人營国方九里據周天子而言則公宜十里侯伯宜五里子男宜三里為差也若據此文九命者以九為節七命者以七為節

五命者以五為節又案文王有聲箋云築城伊洫適與成方十里等小於天子大於諸侯以其雖改殷制仍服事殷未敢十二里據此二文而言則周之天子十二里則匠人云九里或據異代法以其匠人有夏殷法故也鄭不言異代者以其無正文不敢斥言也是以隱公元年祭仲云都城不過百雉雉長三丈百雉五百步大都三之一則鄭是伯爵城有千五百步為五里是公七里侯伯五里子男三里矣此賈服杜君等義與鄭玄一解也鄭又云鄭伯之城方七里大都三之一方七百步實過百雉矣而云都城不過百

雉舉子男小国之大都以驗京城之大其實鄭之大都過百雉矣又是天子城十二里而言也引大行人之職者經云国家宮室鄭已解訖其云車旗衣服礼儀不可具言故引大行人為證欲見彼具見車旗以下之数也案大行人云上公之礼執桓圭九寸繅藉九寸冕服九章建常九斿樊纓九就貳車九乗介九人礼九牢其朝位賔主之間九十步侯伯於上公降殺以兩子男比於侯伯又降殺以兩為差耳故鄭云数焉

王之至如之　釋曰云王之三公八命其卿六命其大夫四命皆是在朝者云及其出封皆加一

等者三公八命者爲九命上公六命卿爲七命侯伯四命大夫爲五命子男云其國家宮室車旗衣服礼儀亦如之者亦如上経以命數爲差也　注四命一命　釋曰云四命中下大夫也者見序官有中下大夫矣此唯見四命大夫是知中下大夫同四命也云出封出畿内封於八州之中者其王朝公卿大夫亦有舊在畿内有采地之封是封畿内者也今乃封於畿外在八州之中諸侯也云加一等襃有德也者王朝公卿大夫無功可進無過可退者不得出封以知加一等爲南面之君者是襃有德也卿爲侯伯大夫

為子男也鄭不言三公者雖出封加命爵仍是公不
異故不言也云其在朝廷則亦如命數耳者若先鄭
出加入亦加若毛君則出加入減若鄭君出加入則
不加不減其義已備宗伯職也云王之上士三命中
士再命下士一命者經既不言而鄭言之者此典命
所以主命數序官有三等之士此文不見故以意推
之必知士有三命以下者見經大夫四命〻〻以下
唯有三等之命序官有上士中士下士故以三等之
命而説之也然公卿大夫以八命六命四命為陰爵
者一則擬出封加為陽爵二則在王下為臣是陰官

不可為陽爵故也士下既無出封之理又極卑賤故有三命一命為陽爵無嫌也　凡諸至子男　注誓猶至礼焉　釋曰鄭以誓為命者諸侯世子皆往朝天子〻〻命之為世子故以誓為命也云言誓者明天子既命以為之嗣樹子不易也者實是命而經云誓者謂既命以為繼嗣使為樹子不可改易義取公羊僖公三年齊桓公會于陽穀管仲命諸侯云無易樹子無以妾為妻是也引桓九年曹伯使其世子射姑來朝行国君之礼者以其稱朝是行国君之礼引者證經誓於天子攝其君事也云公之子如侯伯而

執圭侯伯之子如子男而執辟者以其上公九命侯
伯七命子男五命經云下其君一等明依命數爲降
以知義然也若公之子如侯伯在侯伯下侯伯子如
子男在子男下也云子男之子與未誓皆次小國之
君執皮帛者以經云下一等子男身五命執辟明子
雖得誓以下又一等自然與公侯伯子男子未誓者
同執皮帛朝會可知也云其賓之皆以上卿之禮焉
者此亦約曹世子射姑來朝賓之以上卿之禮而言
之也若行朝禮擯介依諸侯法其饔餼饗一與卿同
也此經誓與未誓皆據父在而言若父卒後得誓者

皆得與諸侯序以無文得與正君同故也是以雜記云君薨大子號稱子待猶君也注引春秋葵丘之會宋襄公稱子而與諸侯序又定四年二月癸巳陳侯吴卒三月公會劉子晉侯宋公蔡侯衛侯陳子鄭伯以下於召陵陳子在鄭伯上則是得與諸侯序也若未誓則亦當執皮帛也　公之至之數　注視小至七人　釋曰云視小国之君者列於卿大夫之位而礼如子男也知義然者案大行人云大国之孤執皮帛以繼小国之君出入三積不問壹勞朝位當車前不交擯廟中無相以酒礼之其佗皆眂小国之

君鄭注云此以君命來聘者也孤尊既聘享更自以
其贄見執束帛而已豹皮表之爲飾繼小國之君言
次之也其他謂貳車及介牢礼賓主之間擯將幣裸
酢饗食之數以此而言則以皮帛者亦是更以贄見
若正聘當執圭璋也若然彼云繼小國之君謂執皮
帛次小國君後則與此注列於卿大夫位一也此言
眡小國之君注云而禮如小男則彼其他眡小國君
并彼注貳車及介以下是也司農云九命上公得置
孤卿一人春秋傳曰列國之卿當小國之君固周制
也者案昭二十三年左傳云叔孫婼爲晉所執晉人

使與邾大夫坐訟叔孫曰列国之卿當小国之君固周制也寡君命介子服回在是其事也若然先鄭引魯之卿以證孤者孤亦得名卿故匠人云外有九室九卿朝焉是并六卿與三孤為九卿亦得名卿者以其命數同也魯是侯爵非上公亦得置孤者魯為州牧立孤與公同若然其孤則以卿為之故叔孫婼自比於孤也云謂王制曰大国三卿皆命於天子以下者案王制之文多據夏殷此命卿亦是夏殷法故彼下文大国之卿不過三命下卿再命小國之卿與下大夫一命鄭注云不著次國之卿者以大國之下互

明之此卿命則異大夫皆同以此言之則大國卿三命次國卿與大國下卿同再命小國卿與大夫同一命彼注即引此周礼命卿大夫之法以證古不同之義若然此列彼夏殷命臣法周礼諸侯卿大夫命雖與古不同五等諸侯國國皆有三卿得天子命者與夏殷同故引之若然云大國三卿皆命於天子者上卿則命數足矣中卿天子再命己君加一命亦爲三命下卿天子一命若夏殷己君加一命二命足矣周則己君加二命爲三命々足矣云下大夫五人不言命數者並不得天子命夏殷並己君加一命周則大

国之大夫再命也云上士二十七人者夏殷之士不
命其二十七士亦應有上九中〻〻九而皆云上士
者亦是勉人為高行故趣以上士言之也云次国三
卿二卿命於天子者上卿天子二命已君不加中卿
天子一命已君加一命下卿天子不命已君亦加二
命為再命故云一卿命於其君是次国之卿皆再命
也若周礼次国卿並三命亦下大夫五人上士二十
七人義與大國同也云小国二卿皆命於其君者案
彼鄭注云此文似誤脱耳顧上文大国次国則此小
国亦當有三卿宜云小国三卿一卿命於天子二卿

命於其君則是脫亦三卿一卿命於天子九字矣云誤者次國云二卿命於天子不言皆此小國云二卿皆命於其君而言皆是誤故云蓋誤也若依此三卿解之則三卿之內一卿命於天子為一命二卿命於其君亦各一命亦下大夫五人上士二十七人義與上同也若周礼小国三卿皆再命亦一卿命於天子一命已君加一命為再命二卿命於其君不得天子命並已君再命矣又周法次國五大夫亦與大国五大夫同再命小国下大夫五人各一命其士公侯伯之士同一命子男之士不命與夏殷同此文是也大

大司馬云大國三軍次国二軍小国一軍〻將皆命卿者謂得天子之命者得爲軍將也若然諸侯之臣有四命三命再命一命不命而經云各眡其命數者謂宮室之等四命者四百步貳車四乘旗四斿冕服四章三命者以三爲節再命一命者亦以命數爲降殺也但大夫玄冕一命者一章裳上刺黻而已衣無章故得玄名也則冕亦象衣無旒其士服爵弁並無章飾是以變冕言爵弁也諸侯之大夫一命已上即有貳車士雖一命亦無貳車天子之士再命已上可有貳車也　司服至用事　釋曰此一經與下文爲

揔目王吉服有九天裘已下是也凶服即下文凶事與吊是也云辯其名物者衣服有名則物色有異同也

注用事至所用　釋曰用事祭祀視朝甸凶吊之事者是其事各異云衣服各有所用者謂若祀昊天用大裘之等是也　王之至玄冕　釋曰王之吉服并下三者亦是令尊其祭服且言六矣　注六服至纁裳　釋曰云六服同冕者首飾尊也者六服々雖不同首同用冕以首為一身之尊故少變同用冕耳下經五服同名弁亦是首飾尊鄭不言者義可知也冕名雖同其旒數則亦有異但冕名同耳云諸公

謂后稷之後大王之前不窋至諸盩者但后稷雖是公不謚為王要是周之始祖感神靈而生文武之功因之而就故特尊之與先王同是以尚書武成云先王建邦啓土尊之亦謂之先王也是以鄭云后稷之後大王之前不數后稷不窋后稷子諸盩大王父二者之間並為先公矣周本紀云后稷卒子不窋立不窋卒子鞠立鞠卒子公劉立卒子慶節立卒子皇僕立卒子差弗立卒子毀榆立卒子公非立卒子高圉立卒子亞圉立卒子公祖類立卒子古公亶父公古公亶父則大王亶父也公祖類即紺亦曰諸盩也大

祫於大祖后稷廟中尸服袞冕王服亦袞冕也　案中庸注云先公組紺从上至后稷天保詩注先公謂后稷至諸盩天作詩注云先公謂諸盩至不窋經皆云先公注或言后稷或不言后稷者中庸云周公成文武之德追王大王王季上祀先公以天子之礼后稷既不追王故注先公中有后稷也天保詩云禴祠烝嘗是四時常祭故注先公中有后稷天作詩是祫之祭礼在后稷廟中不嫌不及后稷故注不言后稷各有所據故注不同也云饗射饗食賓客與諸侯射也者饗食則大行人云上公三饗三食之等是也但饗

賓在廟故亦服鷩冕也與諸侯射者此大射在國郊虞庠中亦服鷩冕也若燕射在寢則朝服若賓射在朝則皮弁服云羣小祀林澤墳衍四方百物者此據地之小祀以血祭社稷爲中祀埋沈已下爲小祀也若天之小祀則司中司命風師雨師鄭不言者義可知鄭司農云大裘黑羔裘也者司裘文先鄭注云大裘黑羔裘然則凡祭之皆同羔裘義具於司裘也云衮卷龍衣也者鄭注禮記云卷俗讀其通則曰衮故先鄭衮衣卷并言之也云鷩裨衣也者案禮記曾子問云諸侯裨冕覲禮侯氏裨冕鄭注云裨之言埤也天子

大裘為上其餘為裨若然則裨衣自袞以下皆是先
鄭獨以下皆是先鄭獨以鷩為裨衣其言不足矣云
毳罽衣也者案爾雅云毛氂謂之罽則績毛為之若
今之毛布但此毛毳則宗彝謂虎蜼而先鄭以為罽衣
於義不可故後鄭不從也玄謂書曰至希繡而云此
古天子冕服十二章舜欲觀焉者欲明舜時十二章
至周無十二章之意也然古人必為日月星辰於衣
者取其明也山取其人所仰龍取其能變化華蟲取
其文理作繢者繢畫也衣是陽陽至輕浮畫亦輕浮
故衣繢也宗彝者據周之彝尊有虎彝蜼彝因於前

代則虞時有蜼彝虎彝可知若然宗彝是宗廟彝尊非蟲獸之號而言宗彝者以虎蜼畫於宗彝則因號虎蜼爲宗彝其實是虎蜼也但虎蜼同在於彝故此亦并爲一章也虎取其嚴猛蜼取其有智以其卬鼻長尾大雨則懸於樹以尾塞其鼻是其智也藻水草亦取其有文象衣上華蟲火亦取其明粉米共爲一章取其絜亦取養人黼謂白黑爲形則斧文近刃白近上黑取斷割焉黻黑與青爲形則兩已相背取臣民背惡向善亦取君臣有合離之義去就之理也希繡者孔君以爲細葛上爲繡鄭君讀希爲黹黹紩也

謂刺繒為繡次但裳主陰刺亦是沈深之義故裳刺
也云華蟲五色之蟲孔君注以為華象草華蟲雉也
義亦通以其草華有五色故引繢人鳥獸蛇雜四時
五色以章之為證也華蟲名鷩者以其頭似鷩以有
兩翼即曰鳥以其體有鱗似蛇則曰蛇以其有五色
成章則曰雉故鄭注考工記云蟲之毛鱗有文采者
也云希讀為絺或作黹字之誤也者本有此二文不
同故云誤當從絺為正也云王者相變至周而以日
月星辰畫於旌旗者若孔君義虞時亦以日月星畫
於旌旗與周同鄭意虞時無日月星畫於旌旗若虞

時日月星畫於旌旗則衣無日月星也云所謂三辰旂旗昭其明也者所謂桓公二年哀伯辭彼三辰則此日月星辰旂旗者謂交龍為旂熊虎為旗不畫日月星連引之耳引之者證周世日月星畫於旌旗之意也云而冕服九章者據周法而言旣去日月星三章明有九章在也云登龍於山登火於宗彝尊其神明也者鄭知登龍於山者周法皆以龜獸為章首若不登龍於山則當以山為章首何得猶名衮龍乎明知登龍於山取其神也又知登火於宗彝者宗彝則毳也若不登火在於宗彝上則毳是六章之首不得

以毳為五章之首故知登火於宗彝取其明也云九章初一曰龍至凡五也此無正文並鄭以意觧之以其衣是陽從奇數裳是陰從耦數云希刺粉米無畫也者衣是陽應畫今希冕三章在裳者自然刺繡但粉米不可畫之物今雖在衣亦刺之不變故得希名故鄭特言粉米也然則毳冕之粉米亦刺之也云玄者衣無文裳刺黻而已者以其祭服衣本是玄今云冕一章仍以玄為名明衣上無畫一章者刺黻於裳而已是以謂玄焉云凡冕服皆玄衣纁裳者六冕皆然故云凡以該之知玄衣纁裳者見易繫辭黄帝堯

舜垂衣裳蓋取諸乾坤乾為天其色玄坤為地其色黄但土無正位託於南方火赤色赤與黄即是纁色故以纁為名也　凡兵事韋弁服　釋曰以兵事有侵戰伐圍入滅非一故云凡云韋弁服者以韋為冕又以為服故云韋弁服　注韋弁至遺色　釋曰韎是蒨染謂赤色也以赤色韋為弁云又以為衣裳者左氏傳成十六年楚子曰韎韋之跗注君子也使工尹襄問郤至以弓若賈服等說跗謂足跗注屬也袴而屬於跗若據鄭雜問志則以跗為幅注亦為屬以韎韋幅如布帛之幅而連屬以為衣而素裳既與諸

家不同又與此注裳亦用韎韋有同者異者鄭君兩
解此注與賈服同裳亦用韎韋也至彼雜問志裳用
素者從白舄之義若然案聘禮云卿韋弁歸饔餼注
云韋弁韎韋之弁蓋韎布為衣而素裳與此又不同
者彼非兵事入廟不可純如兵服故疑用韎布為衣
也言素裳者亦從白屨為正也以其屨從裳色天子
諸侯白舄大夫士白屨皆施於皮弁故也云今時伍
伯緹衣古兵服之遺色者鄭取韎為赤色韋猶以為
疑故舉漢事以為況言伍伯者伍行也伯長也謂宿
衛者之行長見服纁赤之衣是古兵服赤色遺象至

漢時是其兵服赤之驗也　眡朝則皮弁服　注視朝至衮冕　釋曰天子三朝外朝二内朝一二皆用皮弁故經惣云眡朝則皮弁服也　知皮弁之服十五升白布衣積素以為裳者案礼記雜記云朝服十五升士冠礼云皮弁素積故知義然也　云王受諸侯朝覲於廟則衮冕者案覲礼云　天子衮冕負黼扆節服氏云祭祀朝覲衮冕六人維王之大常注云服衮冕者從王服故知朝覲在廟王服衮冕若然春夏受贄在朝則是眡廟皮弁服也其受享於廟與覲同衮冕故於廟連言朝也　凡甸冠弁服　注甸田至玄端

釋曰言凡者田獵非一故以凡廣之不言事者朝
是朝日比於田獵爲數故凡事皆不言也云冠弁委
貌者士冠礼及郊特牲皆云委貌周道鄭注士冠云
委猶安也言所以安正容貌故云委貌若以色言則
曰玄冠也云其服緇布衣亦積素以爲裳者士冠礼
云主人玄冠朝服緇帶素韠注云衣不言色者衣與
冠同裳又與韠同色是其朝服緇布衣亦如皮弁積
素以爲裳也云諸侯以爲視朝之服者士冠礼云玄
冠朝服注云天子與其臣玄冕以視朔皮弁以日視
朝諸侯與其臣皮弁以視朔朝服以日視朝是也引

詩国風曰者是鄭緇衣之詩引之證鄭伯是諸侯服緇衣爲朝服之義也云王卒食而居則玄端者案玉藻韠君朱大夫素士爵韋鄭注云天子諸侯玄端朱裳以其云朱韠々同裳色故也鄭因朝服而説玄端者以朝服與玄端大同小異以其玄冠緇布衣皆有正幅爲端則同但易其裳耳故因説玄端也若然大夫素韠則素裳其士韠言爵々是不純之名以其士冠礼上士玄裳中士黄裳下士雜裳雜裳者前三幅玄後四幅黄故爵韠也言凡甸冠弁服據習兵之時若正四時則當戎服是以月令季秋天子乃教於田

獵以習五戎司徒搢扑北面以誓之天子乃厲飾執
弓挾矢以獵注云厲飾謂戎服尚威武也以此觀之
習五戎司徒誓之不戎服著冠弁可知是以襄十四
年夏四月左傳云衛獻公戒孫文子甯惠子食而射
鴻於囿二子從之公不釋皮冠則皮弁韋弁同但色
異耳故以韋弁為皮弁是其正田用韋弁也　凡凶
事服弁服　注服弁至齊衰　釋曰服弁於上下文
不類者以是喪服故變其文也天子諸侯絕傍期正
統之期猶不降故兼云齊衰其正服大功亦似不降
也大功章曰適婦注云適子之婦傳曰何以大功也

不降其適也既無所指斥明關之天子諸侯也又服問云君所主夫人妻大子嫡婦既言君所主服不降也如是則為適孫之婦又當小功今注止云斬衰齊衰者以其正服齊衰是不降之者然則王為適子斬衰其為適孫適曽孫適玄孫適來孫則皆齊衰不杖章云適孫傳曰何以期也不敢降其適也有適子者無適孫孫婦亦如之玄謂凡父於將為後者非長子皆期然則王礼亦適子死有適孫適孫死有適曽孫向下皆然也又案喪服傳云始封之君不臣諸父昆弟封君之子不臣諸父而臣昆弟天子之義亦當然

若虞舜之與漢高皆庶人起爲天子蓋亦不臣諸父昆弟而有服也　凡弔事弁絰服　釋曰弔事言凡者以其弔事非一故亦云凡以廣之也弁絰其服則錫衰緦衰之等也　注弁絰至弁絰服　釋曰云弁絰者如爵弁而素者爵弁之形以木爲體廣八寸長尺六寸以三十升布染爲爵頭色赤多黑少今爲弁絰之弁其體亦然但不同爵色之布而用素爲之故云如爵弁而素云加環絰者凡五服之絰皆兩股絞之今言環絰即與絞絰有異矣謂以麻爲體又以一股麻爲體糾而横纏之如環然故謂之環絰加於素

弁之上故言加環絰也云論語曰羔裘玄冠不以弔者彼謂小斂之後主人已改服客則不用玄冠羔裘朝服以弔之引之者證凡弔服及弁絰皆施之於小斂已後也云絰大如緦之絰者弔服環絰大小無文但五服之絰緦絰最小弔服之絰亦不過之是以約同緦絰故云絰大如緦之絰也云其服錫衰緦衰疑衰者此文弔事之絰下文陳三等弔服錫衰以下明上下相成故據下文而說也云諸侯及卿大夫亦以錫衰為弔服知者案服問云君為卿大夫錫衰當事則弁絰大夫相為亦然故知之也云喪服小記曰諸

侯弔必皮弁錫衰則變其冠耳者不言君而言諸侯則是弔異國之臣法不著弁絰而云皮弁故云變其冠耳云喪服舊說以為士弔服素委貌冠朝服此近庶人弔服而衣猶非也者此引舊說而破之庶人弔服首服素冠而素裳其衣裳當疑衰故喪服鄭注云士疑衰素裳冠則皮弁之絰庶人不爵弁則其弔冠素委貌也若然士與庶人服同冠弁則異也云國君於其臣弁絰者服問云當事則弁絰是也云佗國之臣則皮弁者喪服小紀文是也云大夫士有朋友之恩亦弁絰者喪服記云朋友麻故知大夫於士〻自

相於有朋友之恩者服麻也大夫相於不假朋友恩以其服問卿大夫相為亦錫衰弁絰不言朋友也凡弔服天子之服於此上下文具矣其諸侯弔服亦應三衰俱有知者以天子自大裘以下至素服上公自衮冕以下如王之服侯伯自鷩冕而下如公之服子男自毳冕而下如侯伯之服皆相如明諸侯三衰皆有但所用據文唯有服問云為卿大夫錫衰以居出亦如之當事則弁絰其用緦衰疑衰則文王世子注同姓之士緦衰異姓之士疑衰以其卿大夫已用錫衰故以二衰施於同姓異姓之士也案士喪禮注云

君吊必錫衰者蓋士有朋友之恩者加之與大夫同
用錫衰耳大夫相於必用錫衰者以大夫雖以降服
仍有小功降至緦麻則不得以緦衰爲吊緦衰既不
吊明疑衰亦不可故以錫衰爲吊服也士之吊服
不用錫衰者避大夫疑衰不用疑裳者鄭注喪服云
避諸侯也凡吊服皆既葬除之其大夫同故喪服云
大夫吊於命婦錫衰命婦吊於大夫亦錫衰注云吊
於命婦命婦死也是也服問云爲其妻出則不吊與
大夫小異耳　凡喪至齊衰　注王后至杖期　釋
曰云凡喪者諸侯諸臣皆爲天王斬衰王后齊衰故

云凡以廣之鄭云王后小君也者解臣爲王后著有
衰之意鄭又云諸侯爲之不杖期者案喪服不杖章
云爲君之母妻傳曰何以期也從服也但諸臣亦爲
王斬衰爲后期鄭特言諸侯者以喪服斬衰章云臣
爲君諸侯爲天子及不杖章直云爲君之母妻不别
見諸侯爲后之父故鄭解之本不見諸侯爲后者以
其諸侯爲后與臣爲之同故不别見也其卿大夫適
子爲君夫人亦與諸臣同士之子賤無服當從庶人
礼服問云諸侯之世子不爲天子服注云遠嫌也與
畿外之民同服〻問又云大夫之適子爲君夫人大

子如士服注大夫不世子不嫌也士為國君斬小君
期大子君服斬臣從服期天子卿大夫之適子亦當然
故云如士服也　王為至弁絰　釋曰天子臣多故
三公與六卿同錫衰諸侯五等同緦衰大夫與士同
疑衰不見三孤者與六卿同又不辨同姓異姓亦以
臣故也云首服皆弁絰者三衰同皆弁絰　注君為
至吉　釋曰君為臣服弔服也者欲見臣為君斬君
為臣無服直弔服既葬除之而已鄭司農解錫衰緦
衰者喪服傳文其緦衰疑衰無文先鄭當更有所見
後鄭皆從但增成其義耳鄭注喪服破升皆為登布

八十縷為登成也今云十五升則千二百縷去其半則六百縷也云有事其縷及有事其布者皆謂以水濯治去其垢者也玄謂疑之言擬也擬於吉者以其吉服十五升今疑衰十四升少一升而已故云擬於吉者也凡吊皆不見婦人吊服者以婦與夫同故喪服云大夫吊於命婦錫衰命婦吊於大夫錫衰是婦與夫同其首服即鄭注喪服云凡婦人吊服吉笄無首素總是也　大札至素服　注大札至之崩　釋曰知大札疫病者以春秋傳有夭昏札瘥之文故知札為疫病也云大荒饑饉也者爾雅穀不熟曰饑蔬

不熟曰饉即曲礼云歲凶年穀不登是也云大烖水火為害者謂若春秋宋災謂有水災為害又孔子世家云哀三年孔子云桓僖災又公羊云雉門災之類皆火災也云君臣素服縞冠若晉伯宗哭梁山之崩者事在成五年引之者證服此素服者服縞冠之意若然梁山崩非大札大荒大烖引為證者欲見山崩與大札大荒服同是以大司樂云凡日月食四鎮五嶽崩令去樂下文云大札大凶大烖令弛縣弛縣與去樂互相明則去樂是同梁山崩又是四鎮五嶽之類則大札大荒素服縞冠與哭梁山崩同可知若然

此言素服案玉藻云年不順成則天子素服乘素車食無樂義與此合彼又云年不順成大夫不得造車馬君衣布搢本義與此違者彼衣布謂常服謂禱祈義與此同也

周礼疏卷第二十三

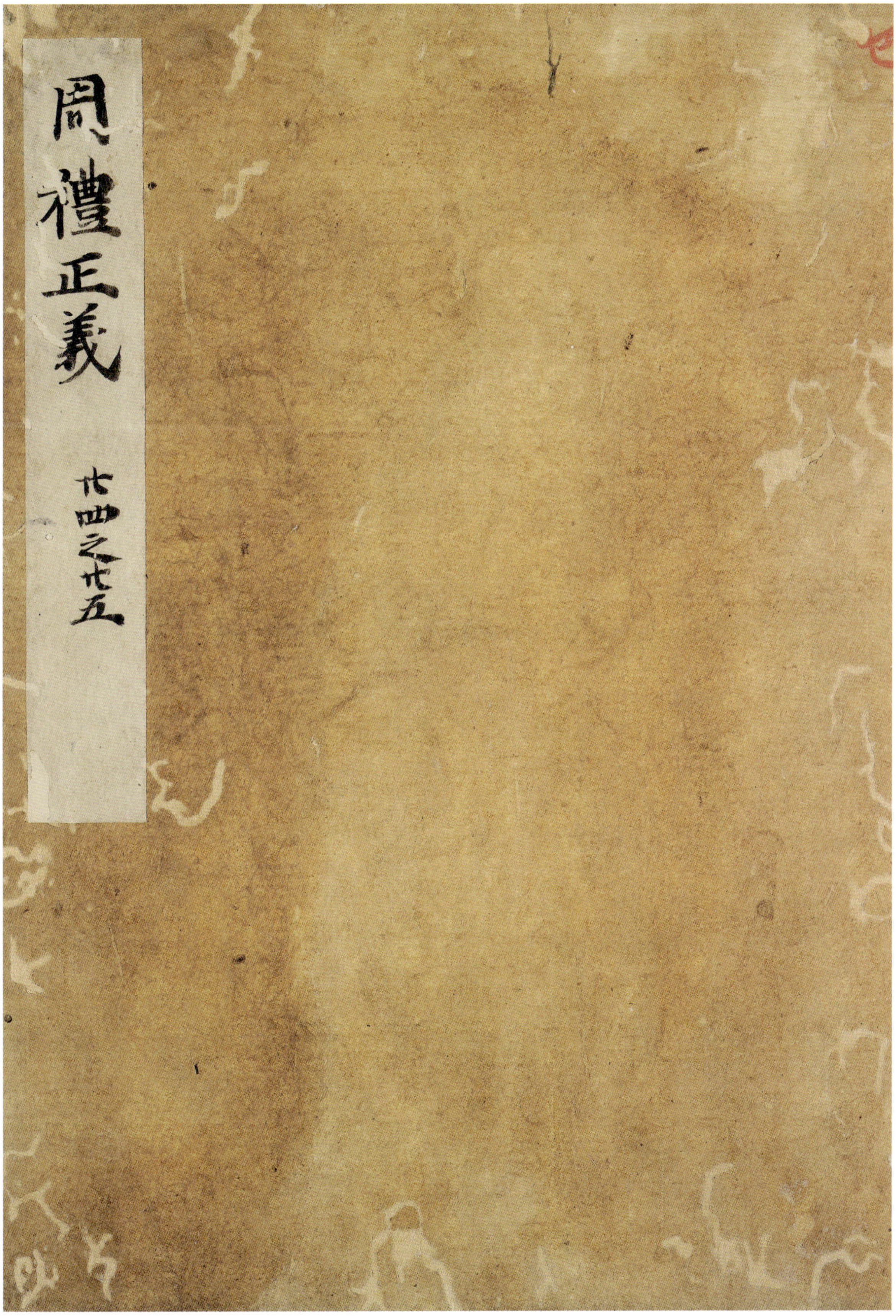
周禮正義
廿四之廿五

廿四之廿五

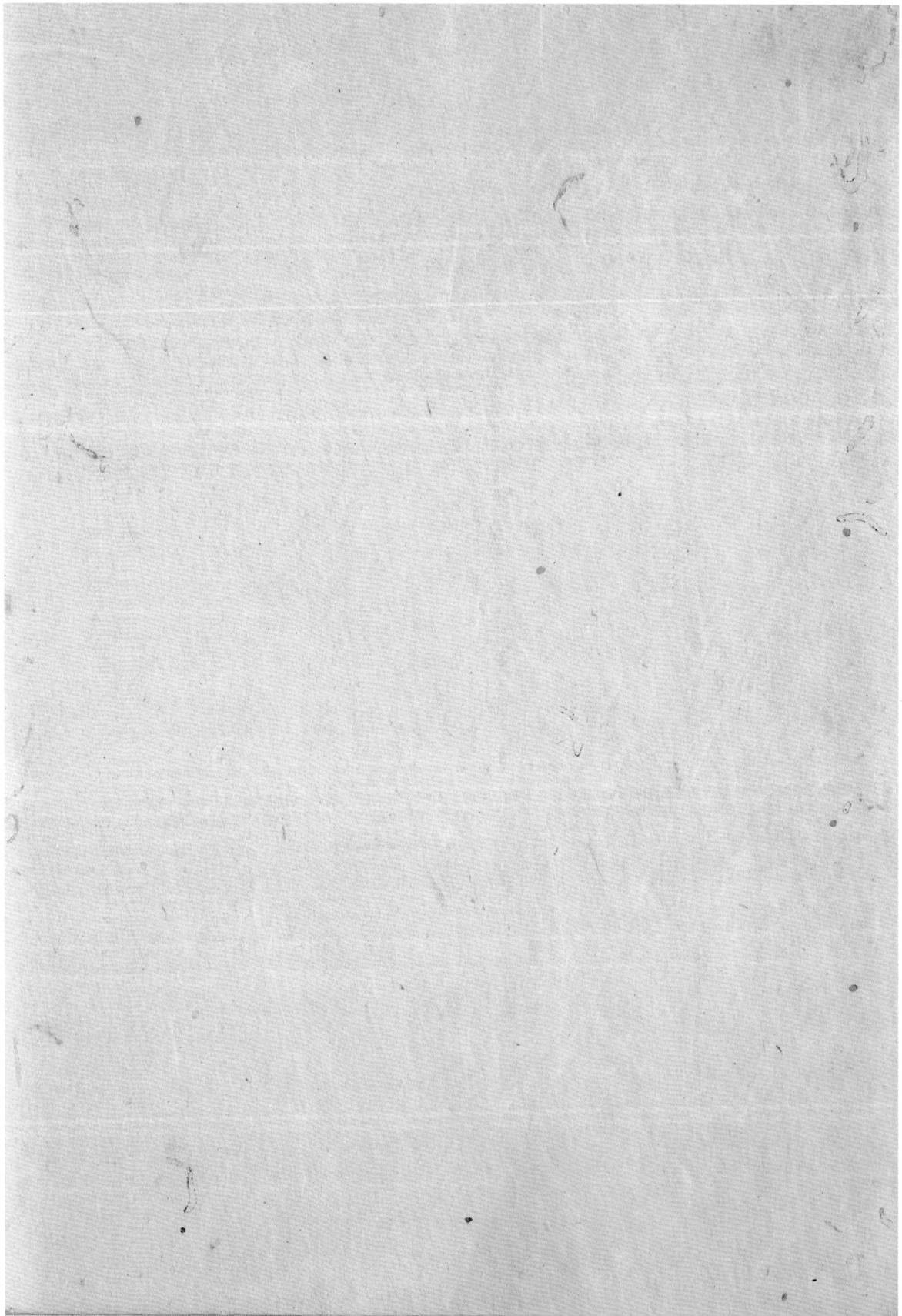